国家十一五重点出版项目

中国民间艺术传承人口述史丛书
Oral Histories of Chinese Folk Arts and Crafts

"中国民间艺术传承人口述史丛书"总编委会
主　编：王文章
副主编：王海霞
总策划：和　龑
编　委（按姓氏笔画排列）
　　　　王文章　王海霞　乌丙安　方李莉
　　　　冯建华　吕品田　邢艳琦　江　东
　　　　宋兆麟　吴颖丽　和　龑　郑　工
　　　　郭玉洁　谭　洁　戴前锋

"中国民间艺术传承人口述史丛书"编辑工作委员会
总编辑：和　龑
委　员（按姓氏笔画排列）
　　　　王忠波　邢艳琦　吴颖丽　张维军
　　　　陈　琼　郑　颖　苗永妹　战　歌
　　　　贾宇琰　盛菊艳　韩慧强　谭　洁

世代陶人

◆ 陶瓷大师孟树锋口述史

主 编 ◆ 王文章　　口述人 ◆ 孟树锋
副主编 ◆ 王海霞　　整理者 ◆ 刘　莹

"经典中国国际出版工程"项目

图书在版编目（CIP）数据

世代陶人：陶瓷大师孟树锋口述史／王文章主编．
—北京：中央编译出版社，2010.1
（中国民间艺术传承人口述史丛书）
ISBN 978-7-5117-0039-1

Ⅰ．世… Ⅱ．王… Ⅲ．孟树锋－生平事迹 Ⅳ．K825.72

中国版本图书馆CIP数据核字（2009）第167128号

世代陶人——陶瓷大师孟树锋口述史

出 版 人：	和 龑
策划编辑：	吴颖丽
责任编辑：	张维军
美术编辑：	子 木
责任印制：	尹 珺
出版发行：	中央编译出版社
地　　址：	北京西单西斜街36号（100032）
电　　话：	（010）66509360（总编室）（010）66509361（编辑部）
	（010）66509364（发行部）（010）66509618（读者服务部）
网　　址：	www.cctpbook.com
经　　销：	全国新华书店
印　　刷：	北京雅昌彩色印刷有限公司
开　　本：	1/16
字　　数：	123千字
印　　张：	15.625
版　　次：	2010年3月第1版第1次印刷
定　　价：	398.00元

本社常年法律顾问：北京大成律师事务所首席顾问律师　鲁哈达
凡有印装质量问题，本社负责调换。电话：010-66509618

总 序

王文章

  21世纪起始的几年中，社会公众对中国非物质文化遗产保护的关注度、参与保护的热情，以及中国非物质文化遗产保护工作的有力推进，成为中国文化界乃至中国社会的重要事件。从大多数人对"非物质文化遗产"一词的内涵不知所云，到"非物质文化遗产"成为家喻户晓的词汇，人们普遍对它的具象呈现形态有了一定的认知，并支持或主动参与保护工作，说明人们在现代化进程背景下，已经看到，由于生活水平的提升和生活方式的变化，作为传统社会生存环境下人们生活方式和生产方式的非物质文化遗产正在急剧消失的现实，而这种现实，一定会对人类社会可持续发展的前景带来不可挽回的损失。因之，全面保护非物质文化遗产今天已经成为全社会的共识。

  但是，保护非物质文化遗产这个时代性的课题应当怎样正确解答，人们的答案并不一致。这种不一致的根源，主要是源自推动经济发展与文化遗产保护之间的矛盾。把非物质文化遗产看成单纯的经济资源，在保护的名义下扭曲其本质特性过度开发，如把民族民间的原生态歌舞改变为肤浅时尚的刻板表演服务于旅游场所，或把传统手工技艺视作不具经济潜力的项目而任其式微，等等。近年来，我们还常见的一种现象是在城市特别是农村建设中，以新的建筑或新的环境形态将承载某个特定区域人们世代相传文化技艺的物质载体（如某些文化空间）彻底改变。这种不能正确把握和处理社会发展与非物质文化遗产保护关系的情况，已经并还在对非物质文化遗产的保护带来伤害。我们应该正视并改变这种现象。

  毫无疑问，非物质文化遗产保护是一个动态的过程。正确的保护不是使它凝固和停止发展。2003年10月17日联合国教科文组织通过的《保护非物质文化遗产公约》指出："这种非物质文化遗产世代相传，在各社区和群体适应周围环境以及与自然和历史的互动中被不断地再创造，为这些社区和群体提供持续的认同感，从而增强对文化多样性和人类创造力的尊重。"非物质文化遗产的有效保护，从根本上说，就是要保证其按照自身内在规律自然衍变的生长过程去自然衍变，在自然的衍变中与人类社会的持续发展相并行，我们既不要人为地去中断它自然衍变的进程，也不要人为地去使它突变。我想，这应是保护工作最根本的意义，也是保护工作最艰难、最核心的用力点。

非物质文化遗产在自然衍变发展中呈现的形态是丰富多样的，这决定了我们采取的保护方式也应是多样的。但对于传统手工技艺类的项目，采取生产性保护的方式应当是一种恰当的方式。这种方式，可以使非物质文化遗产项目的传承人，这些技艺的持有者将自己本身的技艺作为一种生产和生活的手段，既可以因此而获得劳动的报酬，也可以因此而使技艺传承，并在自己的作品与使用者的对应中，使技艺的继承与创新具有了激发创造智慧的基础。这套"中国民间艺术传承人口述史丛书"的编撰，既是想记录这些传承人技艺传承的历程，他们的思考和技艺表现的精湛，他们在实践中的创造智慧；同时，他们中的很多人也正是以生产性保护的方式，使这些不同的技艺在传统的浸润中也融入了新的艺术元素，他们的作品得到人们的喜爱，他们也因此而具有了持续传承的经济基础。

在人类社会现代化进程不断加快、科技快速发展和全球经济一体化的时代，越来越多的民族、地区和人口被纳入到世界变化的总体格局之中。保持人类文化的多样性，是与人类社会的可持续发展紧密相连的。而保护各个民族那些民间土壤上生长的、具有独特创造个性和蓬勃生命活力的民间艺术，是人类文化多样性形态不成为博物馆化和标本式存在表象，而永具生生不息生命力的重要保证。我想，读者会从"中国民间艺术传承人口述史丛书"中体会到这些。

2009 年 9 月 22 日

目录

总 序 …………………………………… 001

序·写在前面的话 …………………………………… 001

当一件带着历史印记的精美的古陶瓷摆在我们面前时，我们应该由表及里，看到它所蕴含的更多的东西：它的造型、釉色、结构、合理性、视觉上的舒服感、艺术上的美感，再到它的工艺过程，它是怎样由一捧泥土经过水与火的砺练，经过若干道工序，经过若干双手，最终成为一件完美的瓷器……

口述人孟树锋简介 …………………………………… 005

孟树锋，出生于陶瓷世家，自幼生活在陈炉这样一个制陶烧瓷的天然环境里，从小便跟陶瓷发生联系；后来考上景德镇陶瓷学院，奠定了他今后从事陶瓷事业的基础；大学毕业后又回到家乡，在陈炉陶瓷厂一干就是十二年……

第一章 生在陈炉——与陶瓷的不解之缘 …… 008

1955年1月，他出生于陕西省铜川市陈炉镇，这里的人世代以做陶瓷为生,孟老师的祖辈也不例外,从小生长在这样的环境里,耳濡目染,身边的一切人和物皆与陶瓷有关。

第二章 我的大学生涯——奠定了将来做陶瓷的基础和信念 ……………………………………………………………… 028

1976年11月,孟老师终于如愿以偿进入景德镇陶瓷学院,开始了他的四年大学生涯。由于上大学的机会来之不易,孟老师又天生爱读书,因此在求学的过程中,他格外刻苦,格外珍惜这样的学习机会。

第三章 七年厂长心酸路——对陈炉民间瓷的全面开发和出口创新 ……………………………………………………… 044

大学毕业后曾想离开陈炉、走出大山的孟老师,在无奈的情况下,回到了陈炉陶瓷厂技术科,很快将自己在陶院所学的那一套东西转化到了实际工作中。

第四章 我家陈炉镇之瓷——陈炉镇做陶瓷的历史及现状 ………………………………………………………………… 062

陈炉镇在陕西省铜川市东南20公里处的山中,位于关中平原与陕北高原接壤的台沿上,以陶炉陈列或者炉渣遍陈而得其名。陈炉在长达近千年的瓷业发展中,形成了一套自己的行业分工、行业规范和行业信仰。

第五章 土与火的交融——陈炉镇的窑炉文化和制瓷技艺 ················· 092

"土是有生之母,陶为人所化生,陶人与土配成双,天地阴阳酝酿。水火木金协调,宫商角徵交响,汇成陶海叹汪洋,真是森罗万象。"郭沫若的这首《西江月·颂陶》,形象地赞颂了陶瓷与土、与火、与天地阴阳的交融。从原料的开采、加工,到最终一件完美瓷器的诞生,这其中要经历若干道工序才能实现。陶瓷是土与火的艺术,而窑炉正是完成这一砺练过程的载体,因此,窑炉文化是陈炉陶瓷文化中最关键的组成部分。

第六章 青瓷是练出来的——对耀瓷的认识和创作心得 ················· 140

随着耀州窑陶瓷烧制技艺入选首批国家级非物质文化遗产代表作名录,耀州窑的研究被赋予新的时代意义。在这样的新环境下,孟老师作为项目负责人,对耀州窑的研究有着自己的看法:除却对考古的研究、对工艺技术的研究,我们现在欠缺的是从文化、艺术、美学、人文等方面来解读耀瓷,挖掘出它所蕴含的更深层次的精神内涵。

第七章 古窑新生——对耀瓷的继承和创新 ············ 172

作为首批非物质文化遗产代表作项目——耀州窑陶瓷烧制技艺的项目负责人,孟老师又开始承担起了新的工作,他系统策划了对陈炉老艺人的个案调查分析,用文字、图片、影像等手段把耀州瓷的整个工艺流程记录下来。接下来,他的目标是建立一个活态景观,复原宋代工艺流程,把传承和教学结合起来,培养新型的陶瓷艺术人才,并希望这个心愿能早日实现。

附:孟树锋其他作品 …………………………………… 226

附:名家题词 …………………………………………… 232

附:孟树锋大事年表 …………………………………… 233

后　记 …………………………………………………… 235

▷ 耀州青瓷刻花杯子

序·写在前面的话

认识孟树锋老师其实只是去年7月份的事情。

从2005年进入中国艺术研究院学习以来，就不止一次地听我的导师王海霞研究员谈起过孟老师这位耀州窑制瓷技艺的传承人，后来又在王老师家中见到过他的两件作品——耀州窑风格的青瓷刻花杯子和一个民间风格的兰花大老碗。尽管本科在景德镇陶瓷学院就读陶瓷艺术专业的时候，凭着千年瓷都得天独厚的地利条件，早已看过不少优秀的陶瓷作品，现代陶艺、艺术瓷、仿古瓷，各种釉上彩瓷、颜色瓷等等，可谓洋洋大观。但看到孟老师的这两件作品时，还是惊讶于前者的古朴厚重和后者的民间气质，更惊讶于创作出它们的人，是怎样熟练的技术才能刻划出如此精美细致又如行云流水般洒脱的菊花纹饰，怎样的过硬的功夫才能拉出形制如此硕大却无丝毫变形的大碗，怎样深厚的手绘功底才能在碗内外壁上绘出这般飘逸豪放的莲花瓣，怎样优雅的才思和

世代陶人 序·写在前面的话

情怀才能在碗壁上兴致盎然地书写近200字的打油趣诗，又是怎样成熟的烧窑技术才能使得这两件作品最后呈现出正宗的本色——橄榄绿中闪一点黄的耀州青瓷和深沉幽蓝的陈炉民间瓷的重要代表兰花瓷（即青花瓷）。

心中有了这些惊奇，便再难以放下。不久之后，适逢导师策划编纂《中国民间艺术传承人口述史》丛书，耀州窑被列入其中一辑，而它的口述人就是孟树锋老师。由于我本科所修的专业正是陶瓷艺术，于是导师把这本书的编纂任务交付给我，对于导师的信任，我是深深感激的。那时不过刚刚入校攻读硕士学位，出于对民间艺术的热爱，我选择了民族民间美术保护这一专业，而对于本科四年所学的陶瓷艺术专业，正是不知如何取舍的时候，这本书的编纂任务无疑为我提供了一个很好的结合点，既能发挥我自身的优势和喜好，又不致疏淡了以前的专业知识，更是一个很好的毕业论文研究方向。就这样，我开始着手为这本书的写作展开一系列准备工作……

≫ 兰花大老碗

≫ 大老碗上的歌谣

2006年7月底，研究生第一学年结束之际，第一次跟随导师和师姐前往陕西省铜川市进行实地考察，那是第一次见到我的访谈对象——耀州窑制瓷技术的传承人孟树锋老师。凑巧的是，孟老师和我同样毕业于陶院，尽管他1979年大学毕业的时候我才刚刚出生，但毕竟师出同门，见了面还是颇感亲切，于是，有了孟老师对我"小师妹"的戏称，这让我的采访过程少了一份生疏，多了一份愉悦。孟老师目前一直担任铜川陶瓷研究所所长一职,同导师先前的描述果然一致,念过大学、读书颇多、又当过七年厂长的孟老师非常健谈,语言能力极强、充满逻辑性又不失幽默感。这正是孟老师的特别之处——他出身于陶瓷世家,但又不是单纯的民间艺人,他进过大学,接受了学院派的教育,但却没有停留在所谓的上层艺术上,他选择了少有人眷顾的古陶瓷研究,毕业后重返家乡,重新回到民间,开始潜心钻研自己家乡曾经显赫一时的耀州窑,二十多年后,他不仅在陶瓷艺术上形成了自己独特的风格,并且成为研究耀州窑的权威专家,使古老的耀瓷得以传承发展并创新。

正当我暗自庆幸孟老师的健谈和语言的丰富可以使这本书的采访和编纂变得轻松时,却感觉工作进行起来反而越来越吃力,原来正是孟老师渊博的学识和善于旁征博引的谈话风格,让见识浅薄的我理解起来愈加困难。于是,我不得不翻开厚重的陶瓷史,查阅更多的古陶瓷文献资料,不得不多次实地考察采访,从而尽可能多地获取相关专业知识,以求不致让本书因为自身的不足变得粗鄙。也因为如此,我走进了一个自己未曾涉足的领域——中国古陶瓷研究,从开始的生疏枯燥到现在已完全被它深深折服。

正像孟老师说的那样:当一件带着历史印记的精美的古陶瓷摆在我们面前时,我们应该由表及里,看到它所蕴含的更多的东西:它的造型、釉色、结构、合理性、视觉上的舒服感、艺术上的美感,再到它的工艺过程,它是怎样由一捧泥土经过水与火的砺练,经过若干

2006年10月采访期间本书作者与孟树锋在耀州窑博物馆前合影

2007年11月本书作者与孟老师第四次上陈炉镇进行实地考察采访

道工序,经过若干双手,最终成为一件完美的瓷器……

　　本书是在三次不同时间的采访基础上,基本保留口述者的语言,将口述内容分类整理编辑而成。这三次采访分别是:2006年7月31日—8月3日;2006年10月23日—27日;2007年3月12日—14日;2007年11月2日—4日,采访地点除了铜川陶瓷研究所孟老师的办公室和他的家里,还四上陈炉镇,并对澄城县进行实地考察采访。故本书各章节中只标明采访地点,采访时间不再作说明。

> 孟树锋

口述人孟树锋简介

　　耀州窑是我国古代北方一座重要的民间窑场，它创烧于唐，五代成熟，北宋形成了自己独特的窑场风格——刻花青瓷，并且辐射到陕甘交界的旬邑窑、河南的临汝窑、宜阳窑、宝丰窑、新安城关窑、禹县钧台窑、内乡大窑店窑、广州西村窑、广西永福窑等，达到鼎盛时期，形成一个与宋代五大名窑齐名的庞大的民间瓷窑体系。金元后，其中心窑场黄堡镇因战火蹂躏踏而逐渐衰落，窑工纷纷流入陈炉镇，陈炉镇后起而继之，明清以来，陈炉镇已经成为继黄堡镇之后西北地区最重要的陶瓷烧造基地和最大的陶瓷集散地，形成"窑炉陈列"、"炉火不眠"的制瓷盛况，其产品转变为铁锈花、黑釉、白釉、酱釉、兰花等民间日用粗瓷。自上世纪90年代末期，陈炉窑场逐渐衰落，如今，只有废弃的三十一口马蹄窑和满山触目可及的碎瓷片，以及家家户户匣钵垒砌而成的院墙，还能印

世代陶人 口述人孟树锋简介

▶ 满山触目可及的碎瓷片印证了陈炉镇久远的制瓷历史

▶ 陈炉镇独特的风景线——罐罐墙

证当年这里的辉煌历史。

孟树锋，出生于陶瓷世家，自幼生活在陈炉这样一个制陶烧瓷的天然环境里，从小便跟陶瓷发生联系；后来考上景德镇陶瓷学院，奠定了他今后从事陶瓷事业的基础；大学毕业后又回到家乡，在陈炉陶瓷厂一干就是十二年，并七年担任厂长；之后离开家乡，组建铜川陶瓷研究所并任所长一职至今，同时担任国家首批非物质文化遗产代表作项目和民族民间文化保护工程国家试点项目——耀州窑陶瓷烧制技艺的项目负责人与首席研究专家。可以说，他这大半生似乎都跟陶瓷结下了不解之缘。在2006年底落下帷幕的第五届全国工艺美术大师的评比中，他获得了"中国工艺美术大师"的荣誉称号；2007年6月9日我国第二个"文化遗产日"时，他又被评为全国共120人的"文化部非物质文化遗产保护工作先进个人"，在北京人民大会堂接受党和国家领导人颁发奖章，同时还被授予全国仅226人的"首批国家级非物质文化遗产项目具有代表性、权威性、影响力的传承人"称号。在从事陶瓷工作的30多年中，他潜心研究，曾经参与了上世纪70年代耀州青瓷的恢复试制工作，全面挖掘拯救了铜川民间瓷并开拓了出口渠道，研制成功红底玉缕耀瓷，从而解决了古老耀瓷的发展创新问题。30多年来，他主持并参与的科研项目达十余项，作品曾多次在香港、日本、北京、上海等

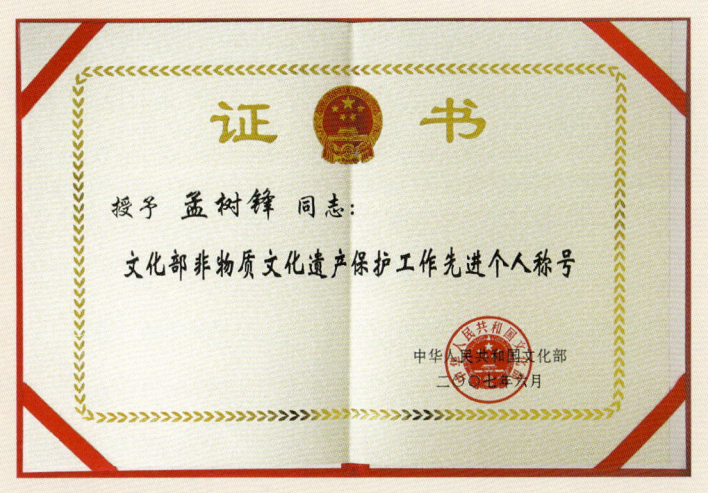

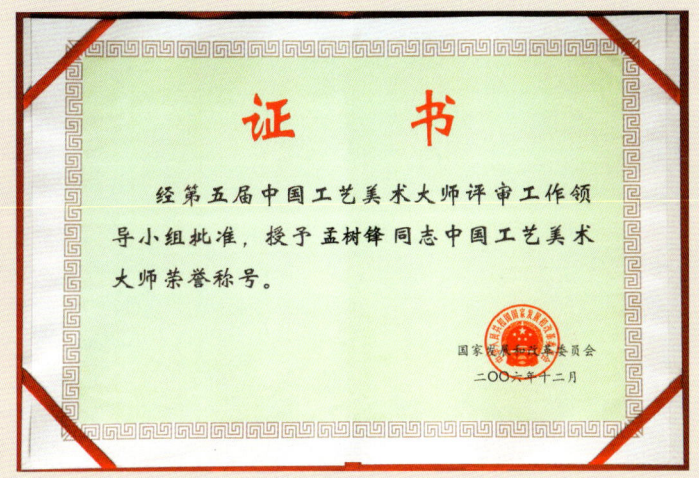

地参展,获奖无数,作品多被收藏;同时,他又是一位古陶瓷研究家和鉴定家,在陶瓷界享有很高的声誉,是国务院津贴专家和陕西省委、省政府组织授予的陕西省有突出贡献专家。面对这些荣誉,他却说自己只是一个再普通不过的制陶人。那么,就让我们来倾听这位制陶人的口述,一起来感受他的语言魅力,一起走进他的情感领域和艺术世界,一起领略中国古陶瓷文化的博大精深……

第一章
生在陈炉
——与陶瓷的不解之缘

MENG SHUFENG ON THE RUINS
An Oral History of the Chinese Pottery Art in Yaozhou

本章综述

采访地点：陕西铜川陶瓷研究所孟老师办公室
受 访 人：孟树锋（简称孟）
采 访 人：刘莹（简称刘）

  本章节通过对孟老师的访谈，看他如何从一个窑场里长大的穷娃子迈进了大学的殿堂，展现他少年时期的人生经历。

  1955年1月，他出生于陕西省铜川市陈炉镇，这里的人世代以做陶瓷为生，孟老师的祖辈也不例外，从小生长在这样的环境里，耳濡目染，身边的一切人和物皆与陶瓷有关。四五岁的时候，他便被祖父拉到拉坯的轮车跟前"挖泥"，与泥巴亲密接触，上学前在自家的窑场上耙过泥，上学期间为了挣钱贴补家用，同父亲、三姐一道担着瓷器步行40里山路去黄堡镇赶集卖陶瓷，给铜川经销站送陶瓷，到富平县用陶瓷换红薯，这些都是他从另一个方面跟陶瓷发生的关系。高中读了一年便因家境贫寒无奈辍学，进入陈炉陶瓷厂当了工人，之后在厂里子弟小学教书，创建了校办工厂，开始正式学做陶瓷，并有幸跟随我国著名的陶瓷工程师李国桢先生参与了耀州青瓷的恢复试制工作，使得失传八百年的这一历史名瓷重放光彩。1976年适逢厂里推荐工农兵上大学，凭着以前在学校和工厂画报头、办专栏的美术底子，他顺利通过了景德镇陶瓷学院的入学考试，成为最后一批工农兵大学生，从而离开家乡陈炉，踏上了求学之路。

  通过孟老师的叙述，我们来看他是如何跟陶瓷结下不解之缘的。

世代陶人
第一章 生在陈炉——与陶瓷的不解之缘

刘：孟老师，您好！早就听说您了，这次总算是见面了！我跟您一样，也是陶院毕业的，学的也是陶瓷艺术设计。

孟：小师妹，你好！我们同一个学校，同一个专业，现在又一起合作这本书，真是缘分啊！耀州窑是个非常不错的选题，现在它的历史地位正逐渐被恢复，逐渐开始被人们重视，应该说，它的可挖掘潜力和它的学术价值都是巨大的，如果你能坚持做下去，从美学方面、文化方面研究它，那将是一件很好的事情，这个领域的研究目前还非常少。

刘：多谢孟老师！我的硕士毕业论文做的也是耀州窑这个课题，我想我会坚持下去的。现在说说您吧。听说您出生于陶瓷世家，那么您的手艺是家传的吗？我也注意到，您的作品落款大都是用"三代陶人"这个称谓，"三代"是指哪三代呢？您这个家族做陶瓷的历史是怎么样的呢？

孟：严格来讲，家传有一点点，但不是很多，我是一直在这个环境中长大的。我记得小时候冬天天冷，在作坊门口盘一个火炉，整个窑洞里面被烟熏得全是黑的，那时候窑洞里的砖不粉，砌的拱圈砖就露在外边，不像现在都刷成白色，所以附着物很容易附着上去，烟一熏全是黑的，练泥的时候，那时候没有什么练泥机粗练细练，全是凭手工摔泥，通过一砸一挤，就是一个揉合的过程。这用力一摔，泥点就溅到墙上去了，就是一个个白色的泥点，时间久了，黑墙上就布满了泥点，那是很难出现的一个景观，这幅画面一直在我的记忆里面，我就一直生活在这样一个与陶瓷有关的环境里。我祖辈上几代都是做陶瓷的，但是我父亲没有教过我怎么做陶瓷，因为年龄差距比较大，我爷爷就更没法教我了，所以在严格意义上讲我这也不算是家传，正儿八经只能说成长与那个环境有关。

另外，我们陈炉的陶瓷啊，到我们能记事的时候，甚至我祖父我父亲他们能记事的时候，和耀州青瓷已经完全是两回事了，耀州青瓷人家那是宋代的事，我曾祖那也才是清朝的人，明朝人跟耀州青瓷都没关系了，更别说清朝的人。耀州瓷的断代太严重，太长，差别很大，陈炉陶瓷跟宋代的耀州青瓷可以说是两个概念，所以我们根本不可能从这里学到耀州青瓷，只能说小的时候在这个氛围里生长过。

我们家做陶瓷不止三代，"三代陶人"只是一个惯用的说法。我们没有家谱，当地祭祀祖先有一种家堂轴子，就是祖先像，逢年过节、结婚等大典的时候，把它挂出来拜祭。我们老孟家的家堂轴子还在，现在在我一个侄子手里，我把轴子上面的名字全部抄下来了。我们祖先叫孟宪印，我们老孟家和孔家、曾家、颜家都有排字，我们用的就是人家孔家的排字，我应该是"庆"字辈。孟宪印应该是元代的时候从山西洪洞县迁居到陕西富平县最东边的美原镇。美原在宋代的时候是一个县，《宋史·地理志》卷八十七里就有

"耀州…崇宁户十一万，贡瓷器。县六：华原、三原、美原、富平、同官、云阳"的记载。一般大家说洪洞县大槐树移民应该是在明代，我祖先迁移是在元代，跟明代这个还是两回事，当时孟宪印是从洪洞县到美原县当县令，在家堂轴子上有记载，所以他应该算是我们的始祖吧。但是实际上我觉着这个始祖怎么说呢，你说我们是山东人还是陕西人？因为孟家是在山东，但是整个山东又是姜太公从陕西宝鸡带过去的，应该说老根儿还是在陕西。那年我去山东，在孟子庙祭拜，进一个门磕一个头，大家都想找一个光宗耀祖的老祖先当头嘛！我们祖上可查的就是这位孟宪印，他到美原县当县令，就等于说是出世，来这儿做官了。但是我们这老爷子可能是没有念太多的书，为什么呢？他自己叫孟宪印，是按照家谱上来的，是"宪"字辈的，再往下应该是"庆"字辈，但是他给两个儿子起的名字，一个叫孟经，一个叫孟轨，都没有按这个来，在我看来，这中间肯定断了点儿什么。在古代，我们曾、孟、孔、颜四大姓如果说起名字不按照字取的话，人家一听就会说你造反了，造了老祖宗的反，不按照家法来。像我们这种都是造反了，可这不是我们自己造反，是家里人没有文化，不知道我们老孟家跟人家老孔家还有这么一道东西。我看我们续的家堂轴子上面，最高的是一个居士，其他再就没什么能人了！

刘：开始是迁到富平县，后来怎么又到了陈炉镇呢？是什么时候从富平迁到陈炉的？

孟：这个啊，还得从富平和陈炉的关系说起，这就跟陶瓷有关了。

陈炉做陶瓷呢，我自己的看法是应该从宋代的时候就跟黄堡镇耀州窑同时期在做，但是人家黄堡镇是司令部，是中心，是主要的，而陈炉镇就是一个边关，那肯定它的水平跟黄堡镇是没有办法比的，为什么这么说呢？因为我们在陈炉找的到带有宋代风格和痕迹的瓷片标本以及在那些标本出现的地方所看到的规模和场景，证明了这样的说法，陈炉做陶瓷应该是这样一个大概的状况。陈炉镇和富平县的关系，一个在山上一个在山下，就一个坡，离得很近，所以陈炉有很多是富平人。宋代耀州这个地方，包括黄堡镇，做陶瓷用的釉料都来自富平，而且富平人还做陶瓷生意，卖陶瓷、运陶瓷，所以富平跟陈炉的关系，从经济上、从人员来往上都非常密切。我们的老祖先可能他的儿子就不做县官了，究竟是什么时候迁到陈炉去的呢？我估计大概应该是在明代左右，这时候就到陈炉山上了。陈炉镇在过去方圆一带很有名气，因为这里出陶瓷，家里边有陶瓷作坊，同时又有土地，所以是农工两栖，农忙的时候种地，农闲的时候做陶瓷，地里收的粮食作为主要的口粮来源，务工的陶瓷可以作为购买生活必需品的一个经济补偿，所以陈炉镇在周围来讲经济还算是比较发达的。《同官县志》里面评价陈炉镇的时候说"陈炉镇，我邑巨镇"，就是说陈炉是我们县里面最大的镇。做陶瓷吸引了很多外乡人，我们的老祖先也被吸引来到陈炉镇农闲时开始做陶瓷，这就是我们这个家族做陶瓷的历史溯源。

目前流传下来的我祖上最早的陶瓷，也就是说有确凿证据的，是我曾祖做的一个黑釉大盆，我祖父、我父亲他们都有作品留下来。

刘：那这样就已经不止是三代了！那么，您的曾祖、祖父还有您的父亲，他们都是一直在陈炉镇从事陶瓷行业，您对他们做陶瓷还有印象吗？对于他们的作品，您现在是如何看待的呢？

孟：现在我们再去看家里留下来的我祖父和我父亲他们做的东西，客观评价当时他们的水平应该不错。

我的曾祖叫孟嘉德，他至少应该是清道光年间（1821—1850年）的人，因为在陈炉镇窑神庙碑记上有他的名字，可能是要修庙了，把人召集起来，我曾祖担任什么理事之类，这块碑是清咸丰二年（1852年）重修陈炉镇西社窑神庙所立，所以他至少应该是出生在道光年间，做过一些什么事情了，在陈炉镇陶瓷行当里面，应该说是有一点点地位的，在村落里面应该还算是个能说得上话的人，才会被记载到碑记上。我们今天从作品来看，应该说他的手艺是不错的，因为你看他做的这个黑釉大盆，那么大的盆能做到这么薄的程度是很不容易的，因为这种大盆都不修坯，外面手拉的痕迹还能看得出来，那就是说这是一次拉成的，而且这个大盆在窑里装烧的时候要套起来[1]，它自己本身还有个承重，能烧得这么好，就说明从配料包括拉坯还有烧窑这一套功夫都是很过硬的。那时候自己家里面用的陶瓷都是家里做陶瓷的人自己做的，我们这个家族也比较大，这个盆就是平时和面、蒸馒头用的。另外，我家里还有一个黑釉香炉，我父亲和我母亲都说是我曾祖做的，看这东西的话，也是不错的，里面的香灰还是当年我母亲放进去的呐！

▶ 黑釉大盆（孟氏曾祖孟嘉德作）

我曾祖孟嘉德有五个儿子，我祖父排行老四，叫孟春茂，人家都叫他"四老儿"。他是1888年生人，1960年去世，我是1955年1月出生，跟祖父一起生活过一段时间，他拉坯我是见过的。我们研究所目前进行的一项工作就是搜集整理陈炉镇上做陶瓷的老艺人们的资料，调查他们的从艺情况，作个案分析。已经采访了不少老艺人，其中有一位叫任金炉，他当年是我们家的长工，在我们家学的手艺，他一提起我祖父就说："那老爷子做活没人比得上，那手啊，一把泥，比别人拔得都高。"拉坯要讲究这一把泥你能提多高，我祖父个儿大，手大脚大，力气大，一把泥拔得老高，人家拉不起来他能拉起来。这就像我们比喻耍武功的人，一运气能推出去三百斤，别人才推出去三十斤，功力达不到。拉坯啊，说实在的，你不要看就是个拉坯，你能把这个泥土拉多高，拉多薄，这个泥料的水份到什么程度上，你的手法怎么样，我们进了这个门道里面才能看清楚，好多拉坯的人只管拉，他也说不清楚，我们这些做研究的人进去之后，就能深切地体会到经验、技术、人的悟性和熟悉程度要很好地结合在一起才能行。我跟祖父的关系应该说还是比较甜蜜的，我们家的作坊离家不远，大概有二三十米吧，那时候祖父带我去，父亲也常带我去。祖父拉坯的时候，我们小孩就往跟前凑，觉得好玩嘛，他就用满是泥巴的手往我们脸上抹，把我们轰跑，现在我干活的时候也喜欢这样逗小孩子，那时候老爷子也是喜欢逗小孙子。但是等到他做完活，准备收轮子的时候，有时候我不到他跟前，他就骗我过去，我一过去，他就用大手猛然一把把我抓到拉坯的轮子上面去，让我跟

▶ 黑釉香炉（孟氏曾祖孟嘉德作）

泥巴接触，那时候我才四五岁，还有些胆小，连哭带喊的。我们这里有个习俗，就是让孩子去"挖泥"，陈炉人讲男孩一定要学做陶瓷，因为在这个地方，大家世代靠陶瓷赖以谋生，养家糊口，男人必须要承担起对上养老送终、对下教育儿女这么一个家庭的主要责任。你的经济来源和你的收入就全靠你的陶瓷手艺，所以男孩，家里有条件的，六七岁就让去窑场"挖泥"了，只要能挖住泥，慢慢就能够做坯了。这是我对祖父在专业上面的一点点记忆。后来我写过一篇文章叫做《我家陈炉镇之瓷》，主要谈陈炉陶瓷的年代、风格、工艺价值、还有陈炉的风土人情，里面谈到了一点我们家的情况，其中就有祖父抓住我挖泥的一段叙述。我祖父留下的东西在我这有两件，一件黑釉大缸和一件铁锈花牡丹纹帽盒，这上面的铁锈花画得就非常好；我这里还有祖母孟梁氏做的一件黑釉雕花枕头。

我父亲是一根独苗，我祖父就他一个孩子，还有一个姑姑很小年龄还没出嫁就过世了，我父亲1901年生人，叫做孟生银，大概是想要很多的钱吧，哈哈。我父亲的手艺比起我祖父就差远了，我父亲做过一个素坯的帽盒，没上釉的，也不一定就说他手艺不行，这个帽盒他做得就很好。帽盒上面不是有个盖扣上去的嘛，盖上面有一个点，盒身上面有三个点，这四个点对准了才能盖上去，结果有一次盖的时候上面的点没对准，扣上之后就打不开了，怎么打也不打开，后来还是

> 黑釉大缸（孟春茂作）

> 铁锈花牡丹纹帽盒（孟春茂作）

> 黑釉雕花枕头（孟春茂作）

> 素陶帽盒（孟生银作）

用菜刀刃小心翼翼一点一点才撬开的。咱们陶瓷里面这个叫子扣活,宜兴做得最好,我父亲居然也能做得这么严丝合缝,可见他的手艺也是不错的。另外,我这里还有我父亲做的两样东西,一个兰花罐子,还有一个黑釉菜盒,也是子扣活,做得也是不错的。我父亲是1987年过世的。

刘: 您是从小就处在这么一个大环境里,耳濡目染,周围的人和事都与陶瓷有关。既然算不上严格的家传,那么您是什么时候开始学习做陶瓷的,怎样学的呢?

孟: 这么说吧,虽然我的父辈没有很严格地传授我做陶瓷的技术,但是我从小开始一直就跟陶瓷发生联系,可以说就一直没有离开过陶瓷。最早是耙泥,上学后是靠卖陶瓷、送陶瓷、换陶瓷来挣点零花钱,高中辍学后又到了子弟小学的校办工厂,那时候就开始正式接触陶瓷了!

刘: 谈一下您的这些情况吧!

孟: 我们家最早有自己的陶瓷作坊,家里人都从事这个。我们家到我这辈是兄弟姐妹七个,三男四女,我排行老六,我有两个哥哥,三个姐姐和一个妹妹,我们兄妹之间跨度很大,差三十多岁。在我家的作坊里,大哥画坯画得好,他和大嫂负责画坯,我父亲也能画;我二哥呢,因为年龄小,在窑场上担水、担灰、

▶ 兰花莲荷纹花罐(孟生银作)

▶ 黑釉菜盒 高106毫米 直径130毫米(孟生银作)

> 兰花春燕盘 高40毫米 直径195毫米（孟树业作）

> 父亲和母亲

担坯子；我大姐会做模子活，会印坯；我二姐一直精神不太好，经常生病，很瘦很弱，现在已经过世了；我呢，就跟着三姐一起耙泥。

刘：大家都有分工。那耙泥是怎么样的呢？

孟：一般做陶瓷，把料从山上采下来风化过后，首先得经过粉碎，制备泥料。北方制泥的方法就是水耙法，南方比如景德镇用的是水碓法，这个你在景德镇肯定也看到过。

世代陶人 第一章 生在陈炉——与陶瓷的不解之缘

> 用水碓法制备泥料的水碓房

> 水碓房内景

> 带动水碓的水轮车

> 在水轮车的带动下水碓舂碎泥料

刘：啊！我想起来了，看到过，是一个很大的水车，靠水力运转，不断地粉碎泥料，很古老。

孟：对，那叫水碓法，南方一般用那个，我们这里用的是水耙法，叫做耙泥。我现在回想起来耙泥的那个场景是很浪漫的，一头骡子拉着耙杆转，我们在后面赶着牲口。一般三个小时耙一耙泥，我们早晨耙一次，中午吃完饭回来下午再耙一次，一天耙两次。耙泥一般是在阳历的三月上旬跟中旬相接壤的时候开耙。后来我们到工厂以后，厂里开耙的时间是三月八号，前面就是这么流传下来的，我当厂长的时候也没有破例，停耙大概是在十一月中旬，所以耙泥的黄金季节就是现在这个时候。这时候天热，我们做陶瓷的要在天热这段时候把一年用的泥全部耙好，要积蓄到蓄泥池里，所以我跟三姐小时候干的活就是跟着耙泥，开始是给自己家耙，后来国有化后给合作社耙。我记得有一次我和三姐耙泥的时候，耙泥的师傅往里面放水，往里面填料，还要铲掉牲口屙在道儿里面的粪，那个小师傅拿铲子一扬，一下就顶到我和三姐的脚后跟上了，我们小时候家里穷没有袜子，都不穿袜子，脚一下就给铲破了，血哗哗地淌啊，后来那个人就赔了我们三毛钱（笑）。我还记得当时我跟三姐用粘土的土块在耙池边上垒了一个小方框，用破席子一罩，像个小房子似的，那时候不是热嘛，我们两个就轮流在里面乘凉，我们那时候小孩个子小嘛！耙泥必须靠近有水源的地方，所以一般都在河沟里面，当年我们耙泥的地方我还能找到，但是现在已经完全没有耙泥的味道了。

1958年开始国有化，我们家作坊的性质就转移了，原来是你家的东西，现在成大家的了，实际是松散的合作社，还在原来的地方干，还是这几个人，但是要到社里统一核算，不再是自己家里烧瓷器卖瓷器自己收钱了，现在是你干什么活会有一个统一的组织来安排，组织上来收钱。我们后来到这个作坊去的就相对少一点了，因为那儿已经成了人家工厂的地方了。

再到后来我们就上学了。我是1962年开始上学的，那时候已经八岁了，想念书，但是家里穷，1960年我父亲就从陶瓷厂下岗了，陈炉陶瓷厂是1958年成立的，那会儿没有退休制度，就是一句话，你明天不要来了，就完了，什么也没有。家里的主要经济来源是我二哥在劳动，加上我父亲、三姐和我干点零活，种点自留地，补贴一下。

我在上学的时候也不时地跟陶瓷打交道，这个交道怎么打呢？就是用泥巴捏点东西，捏汽车啊、飞机啊，再就是卖陶瓷。从1966年开始卖陶瓷，后来是送陶瓷、换陶瓷，这是上小学中学那段时间跟陶瓷发生的关系。我这个人好像总是跟陶瓷粘住了一样，一直都跟陶瓷有关系。

卖陶瓷是怎么回事呢？文化大革命那会儿，陈炉陶瓷厂已经是计划经济，它的一二三级正品全部要求交到供销社下属的一个陶瓷经销站，就在现在的铜川火车站旁边，这些正品要交给国家销售。剩下的次品呢，工厂自己销售，叫陶瓷厂零销站，我们就是从零销站把这些次品买出来，挑到黄堡镇去卖。比如一个斗盆，我们从零销站买出来是三毛五分钱，到黄堡镇去卖可以卖到七毛钱，一个碗买出来是七分钱，到黄堡镇可以卖两三毛钱。

刘：这个时候黄堡镇本地已经没有做陶瓷的了吗？

>> 泥池 陈炉陶瓷厂当年耙泥的旧址

孟：黄堡镇早已经不做陶瓷了，都是陈炉这边的陶瓷运过去卖，那里就相当于一个乡镇的集贸市场。我们这边是五天一会一逢集，同官县城是五、十逢集，人家那是中心，五和十是中心数字；陈炉在东南方，四、九逢集；黄堡镇在西南方，是二、七逢集，我们就赶大集的时候过去，一个月去六次。1966年的时候我父亲已经快七十岁了，我十二三岁，我三姐十七八岁，从陈炉山上到黄堡镇四十里，来回八十里地，全是山路，陡得很。头天晚上我们把瓷器买好，回家捆扎结实了，凌晨两点多钟我们就起来开始挑着担子赶夜路，赶到黄堡镇天明，在集上把陶瓷卖掉，赚几个辛苦钱，一次赚一两块钱，就是这样卖陶瓷。有时候赶上学校有课，我就没法去了，就只有父亲和三姐两个人去。

后来送陶瓷，就是我刚才说的那些一二三级正品啊，人家用汽车从陈炉拉到铜川的经销站，但是汽车的运力可能不太够，陶瓷厂就组织了一部分职工，有五到十辆板车，我们这叫架子车，从陈炉镇把这些正品陶瓷运到供销社的陶瓷经销站，我二哥就是整个陈炉镇由工人或者说私人开始运陶瓷的第一批人。我还记得第一次跟二哥去送陶瓷，那时候小嘛，十来岁，他们拉着车子，我一小孩儿跟着车子跑都赶不上，但是现在回想起来，二哥还是给了我一些锻炼。也是早上天还黑着我们就从陈炉镇把瓷器用架子车拉下来，天明就赶到铜川经销站了，把货卸了，把单子、手续一交接，也就是早上九点多钟，然后我和父亲就拐到开水摊上，花两分钱买一碗开水，把自己带的馍泡一下吃。当时卖开水的是个男孩，摇着蒲扇守着开水摊，我那时候就想：要是能过上像他这样的日子就知足了，哈哈！那个男孩还挺好心，见我们拿开水泡馍，就常给我们带点盐撒上，那可真是最好的佐料啊！吃完开水泡馍，我们就把空车拉回去，再把货装好，放在那里，第二天天不亮再往下运。换陶瓷，其实就是把陶瓷担到富平县去换红薯，这些都是跟陶瓷有关的。

刘：您小的时候挺不容易的，吃了好些苦。

孟：我那时候还好啊，十四五岁的小伙子，腿脚还灵便，我父亲都快七十岁了，冬天山路上都结了冰，我们就小心翼翼地走在上面，他倒也没有摔过跤。一天一车，要把货领出来，得给发货的那人递烟，我们没钱给他买烟嘛，我父亲就只能讨好人家，那家伙就骂我父亲，现在想来真是心酸啊，你说现在六十多岁的老人都在家享清闲了，抱抱孙子，可我老父亲那么大岁数了还要出这么大力，现在没人吃得了那种苦了！后来我曾经有一次就领着我儿子走了走这条路，我说你看当年我跟你爷爷就是拉着板车从这条路出去卖瓷器的。

刘：您中学念到什么时候？您说去校办工厂，那是什么时候？后来又是怎么念的大学呢？

孟：我1962年开始上小学，就是同官县第二高级小学，就在陈炉，第一高级小学在同官县城。这里原来只有小学，第一次设初中、高中就是在我们这一级，改成陈炉中学了。我们应该是1968年小学毕业，六年嘛，后来多上了一年，就是文化大革命中间停了一下，1969年才小学毕业，然后就直接在这上了初中，以前这里只有小学，我们这儿的孩子小学毕业后都要跑到铜川市去上初中，所以我们是陈炉中学的第一届初中生。初中上了两年，那时候学费也就一两块钱，但是对我们来说都很难啊，经常被学校催交学费。记得有一次，学校让我回来跟大人要学费，我父母都不在家，家里边只有我二嫂还有三姐，她们也都没有办法，我就哭啊哭啊，三姐抱着我，后来我就在三姐怀里睡着了，现在想来真是让人寒心哪！那时候我父亲已经退休了，我们就靠卖点陶瓷、开点荒地，挣那么一点钱，还不够贴补家用的。

初中上完的时候，我二哥说，你不能再上学了，实在上不起了，干活吧！我就提了一个要求，说再上一学期吧，马上就能入团了，那时候入团蛮先进的，共青团员多光荣的事情啊，我已经是发展对象了！所以就这样，高中又上了一学期，入团还是没有希望，我二哥就彻底不让上了！那时候是1972年的2月18日，我还记得很清楚。

我们家是确实没有钱再让我上学了。我父亲最早的那点积蓄在我祖父祖母去世的时候都用来做丧事了，他早就没钱了。有一件讲起来让人很难过的事情，我父亲为我二哥娶媳妇的时候，女方家里要八百块钱的彩礼，我父亲没有钱，怎么办呢？以前老家种地的时候，庄稼地那有一个院子，种庄稼的时候在里面吃住，就在那地方有些缸，我父亲瞒着我们一天背一个缸到县城去卖，走的都是山路，回到家，腰都磨破了。晚上我们睡着后，母亲点上一盏油灯，拿棉花给父亲擦伤口，父亲疼得哼呀哼呀地叫，我们听见了，醒来，这才看见。一个缸大概卖一块多钱，就为了给老二讨媳妇啊！所以他根本就没有钱啊，再到后来彻底一下岗，就什么钱也没有了，所以我这个学是真上不起啊！

1972年辍学后，我就离开家出来找事做了。当时有三个地方招小工，木器厂、水泥厂和印刷厂，我就觉得印刷工可能跟文化还有点关系，当时看电影《小城之春》里面那个地下党员就是印刷工，我就进印刷厂当小工了。干了不到一年时间，陈炉陶瓷厂招工，我就进了陶瓷厂，进厂的那天是1973年的11月1日，我18岁，这时候就正式把童年的那些陶瓷渊源又续起来了！

> 陈炉陶瓷厂大门

第一章 生在陈炉——与陶瓷的不解之缘

刘：没想到您小时候家里这么困难。那么，等您进了陶瓷厂之后，就开始做陶瓷了吧？

孟：还没有。当时陶瓷厂是第一次实行退休制度，不像我父亲他们那时候退休就是让你回去，一分钱都没有，这时候退休后给钱，所谓的退休金，每月给15块钱，家里有子女的可以顶替上岗。我父亲早就退了，所以我不是顶替，而是招工招进去的，那时候找一个工作很不容易，进了陶瓷厂里面，算是当了工人。

实际上现在咱们当然是没有办法了，跟陶瓷接触这么久，对它有了一个起码的认识，不可能改变自己的行当了！但是当时来讲，人非圣贤，年轻人嘛，我们也想走出那座大山，也想出人头地，也想哪一天能吃上肉穿上好衣服，看着人家当干部的也觉着挺羡慕。我们那一批进厂的工人都是跟我差不多大小的年轻人，顶替的加上招工的，一共二百多人。当时厂里负责招考我们的那人要求我们每人写一篇文章，最后二百多人里面有三个人留在了机关，其中就有我，可能是看到我字写得还不错。我虽然没念多少书，但是从小学开始我就刻意练字，那时候觉得毛泽东的字多么帅，曾经还去学毛体。再就是我上二年级的时候，耀县一位姓左的老师，给了我两本字帖，现在想来是很珍贵的，其中有一本就是《曹全碑》啊，当时写了很长时间都不知道，后来才知道这是曹全啊，那还是拓本呢！如果是明拓的话那就值老钱了，但是封面上写着"毛泽东思想战无不胜"（大笑）。再一个就是印刷品，虞世南的《孔子庙堂碑》，我就一直练这两本字帖，所以当时我的字写得还算可以。工厂可能也是通过写文章这么一种方式检验一下我们吧！我被分在行政科当了通信员。

开始我觉得当通信员还不错，因为当通信员有个什么好处呢，就是接近领导，然后能分到一个好工作，而且那时候想着嘛，通信员挎个包，装着信，骑着自行车，挺潇洒的！谁想到在我们那儿当了通信员以后，陈炉是个山区啊，根本就没有自行车骑啊，现在这个地方是我们当年的轻工局啊，那时候又没有电话，要有个什么信儿，就要从陈炉镇跑到这里，把邮件拿回去，来回就是50里地啊，全靠跑。后来我跟我们行政科长说给咱买辆自行车吧，他说，"你买自行车做什么，你傻啊，你看咱们的这个路，不好骑不说吧，买了以后今天你叔管你借，明天你哥借，后天你伯又要借，你说你借不借？你借了以后万一车弄坏了你还得修。我跟你说，你就好好干，我到时候给你买个摩托车，他们都不会开也不能借。"哎呀，我当时一听，心里还乐滋滋的，现在想来那全是骗人的呀（大笑）！那时候成天干的就是跑路，然后给领导抹桌子、扫地，给人家倒水，冬天还得生炉子，干的都是这些个活，就是伺候人。

通信员干了有四五个月的时间，刚好这时候，我们厂的子弟小学里面有个女的不愿意当教师了，就把她调来机关，我去教书了。教书这段时间，我们小学办了一个校办工厂，这个校办工厂是我一手把它建起来的，我教三年级，就领着那些小孩做陶瓷，这时候才真正开始学做模型，学做陶瓷。

刘：那这时候是跟着谁学呢？

孟：我们家上上下下，邻居也好，同辈的也好，都会做陶瓷。我这一辈里有个大哥叫孟建财，他是全厂做模型做得最好的，我就跟他学，看人家模型怎么做，我们这叫模子，那时候做的最多的就是挂衣服钩。还有就是化妆土怎么上，面釉怎么上，就问人家，材料是从厂里拿来的。还有，我们镇上不是还有一所中学嘛，就是我念的那所中学，也有一个校办工厂，也是做陶瓷。校办工厂就设在我们学校中间，窑炉和作坊就在我们隔壁，负责那个工厂的老师姓袁，也曾经教过我，他以前做过陶瓷，人家那还有拉坯的轮子，我也跟着人家学。这段时间维持了一年多，就是这个时候，李国桢先生[2]到我们陈炉陶瓷厂做恢复耀瓷的研究，我那会儿就经常过去听他给人讲课，我跟李先生那时候接触还不是很多，但是有一些。这个时候的接触，那就是小孩子嘛，咱们的想法就是人家是大专家啊，是高级工程师啊，那工资有多高啊，在全国名气有多大啊，当时大家都说拿着李工写的一个两指宽的纸条就能在全国的瓷区走遍，介绍信都不顶用，就李工的纸条顶用（笑）。那时候觉得上大学那都是梦想，外边来了有文化的人，就觉着很亲切，很想跟人家接触一下，向人家讨教，何况来的还是大专家。

刘：您说的是恢复失传八百年的耀州青瓷研究吗？您介绍一下当时的情况吧，您都参与了哪些工作呢？

孟：对。我前面说过，耀州瓷的断代太严重，陈炉陶瓷跟宋代的耀州青瓷已经是两回事了。我们这个耀州青瓷的试制啊，跟当时铜川的市长张铁民有很大的关系，这个人做事很有魄力，铁面无私，所以大伙都叫他"铁市长"，当时还有个"铁市长换锅"的故事呢。就是说有个人买了口锅回家一用就漏水，拿去商店换，售货员说不能换，这人就拎着锅找市长去了，结果这铁市长一口就把这事答应下来，立即找到卖锅的商店，要求给换口好锅，并要求尽快送到用户手里，这个事一时传为美谈啊！所以说在中国做什么事完全是要领导重视，当时他当市长的时候提出来要恢复耀州瓷，而且搞技术人员归队，把一些技术人员调到陈炉陶瓷厂，在这么一种推动下，耀州瓷的试制才得以进行。试制工作从1974年开始到1977年结束，实际上1973年已经有一些基础工作，我当通信员的时候，上上下下也了解这些情况，正式开始是1974年，一过完年就开始了。当时李工带领着一个试制工作小组搞试验，我在校办工厂，就跟着参与了一些工作，但那会咱们还是没有去参与很多，更多地还是跟着人家学习。李工这人非常和蔼，总是乐呵呵的，挺逗趣的，后来，我跟李工一直相处地不错，关系一直比较好，这也是一种缘分吧！我从李工那里确实学到了很多东西，跟他接触过的人都是很快地就觉得他像父亲一样，最起码我有这种感觉，我有一张和李工父子俩在黄陵的合影，照片上看起来我跟他反倒更像是父子呢（大笑）！

在校办工厂的这段时间维持了一年多，到1976年，也就是唐山地震的时候，工厂就派我去上店村驻队了！

世代陶人 第一章 生在陈炉——与陶瓷的不解之缘

> 1997年李国桢先生在铜川

刘： 上店？是不是也烧陶瓷的那个上店，也是耀州窑的卫星窑场？

孟： 对。上店的粘土啊，在全国的瓷土原料中有名次，属于高铝质土，我们这里把做陶瓷的粘土叫做"坩子土"，这儿的土叫做"青坩"，是耐火土里面比较优质的粘土，在咱们国家整个非金属矿藏里面占有一席之地。我当时是被派去上店村的生产队搞工作路线教育，我因为高中没有上完，就逃过了上山下乡，但最后有幸还是补上这课了，不过不是接受贫下中农再教育，而是去教育贫下中农的（笑）。我们那个叫做基本路线教育工作队，当时是我们陶瓷厂包的人家上店村，一年换一次人，我当时是换回了一位女同志。在上店村待了半年时间，成天干活，在那儿我学会了犁地。

刘： 在那样艰苦的岁月里，您倒好像有一种苦中作乐的精神呐！那么去陶院上学是在哪一年呢？

孟： 就是在1976年嘛。10月份，厂里推荐工农兵上大学，当时

> 1976年6月5日欢送孟树锋支农合影留念（前排中间为孟树锋）

的生产科长就推荐了我，我就从上店回来参加陶院的考试了！实际上，我小的时候就一直很喜欢绘画，也没人指导，就是自己喜欢，上中学的时候，什么"五·一节"啊、"国庆节"啊、"七·一"啊，学校办专栏、写毛笔字、画报头都是我的事，后来到了工厂以后也是这样。我一进厂当通信员那会儿，要写大字报、写大批判专栏，要办专刊、发传单，我是机关里面写大字报、画报头的骨干力量，这样，

> 1976年南队全体团员青年欢送孟树锋入学合影留念（前二排中间为孟树锋）

机关里面的领导就对我有个印象，觉着这小孩喜欢学习。本来1975年的时候就推荐我去大学的，是咸阳西北轻工业学院，因为他们学院的学生有时候来我们陶瓷厂实习，所以学校和工厂的关系比较好，但是后来被别人给顶了。到第二年，1976年的时候，陶院招生，厂里再一次推荐，这次是要考试。1975年那次实际上更像培训，还不算是推荐工农兵上大学，1976年就等于是统一的工农兵推荐上大学。当时考试还挺严格，要考两次试，一次是文化考试，一次是专业考试，画一个胸像素描，还画一个静物，我那时也不懂什么素描色彩，就凭一点画报头的底子，倒是顺利通过了，就这样我被陶院录取了，然后就上大学去了，我们应该算是最后一批工农兵大学生！

刘：可是当时您家里的经济情况那么困难，您上大学的事情没有受到影响吗？

孟：当时为了上学这个事，家里面也很矛盾。这时候我们兄弟几个已经分家了，我跟父母亲还有我妹妹一起住，就靠我的工资，一个月32块5毛钱，养家糊口，四口人生活，那时候记账的那个小本子我现在还留着呢，上面记着每个月的

> 陈炉陶瓷厂为孟树锋上大学开具的介绍信

32块5毛钱都是怎么花的。那会儿上大学是不交学费的，但是如果去上学的话，我的工资就没有了，当时的工龄还不够带工资上学，没了这钱，家里三口人怎么生活啊，所以难就难在这个地方。那时候我说，我还是想去，跟我大哥讲，大哥不说话，跟二哥讲，二哥也不发言，因为假如他们说了话，发了言，那是不是家里的事情他们就要管？后来，还是我父亲说了话："你要实在想去那就去吧。"我说："我要去了家里怎么办？"父亲说："实在不行的话，我出去干点活，让你妹妹也干点活，家里也能过得去。"那时候我父亲已经76岁了。当时我父亲说："你看咱们孟家，咱们村子里，多少年也没出过一个上大学的，你喜欢念书，你就去吧，也能光宗耀祖，咱们也还有个盼头。"你说老爷子能说出什么惊天动地、语重心长的话啊，但毕竟是我们的父亲呀。我现在回想起来，这些就是很语重心长的话，大字不识一个的人能说出这样的话来，肯定他是对自己的儿子寄予了很大的希望啊！所以我能上这学也算是光宗耀祖的事了，就这样，我就离开家乡到景德镇读大学去了！

本章总结

在采访的过程中，我注意到孟老师的记性非常好，每件事情发生的具体时间他都能记得十分清楚，哪怕是很久远的一些事情，后来的谈话更加深了我的这一印象。同一般的民间技艺传承人相比，孟老师或许有些特殊，他没有受正规的家族传授，也没有明确的传承谱系，但是他又确确实实来自民间，来自一个原生态的制瓷环境，生长在这个曾经窑炉遍布、炉火不眠的镇子上，他接触了许多和陶瓷有关的人、事、物，以各种形式不断地跟陶瓷打着交道，陶瓷这一行当对于幼年的他来说早已不再陌生，或许正是因为对这个行业太过熟悉和了解，年轻的他也想走出大山，也想出人头地，也不想一辈子跟泥巴打交道，但正如孟老师自己所说，他这一辈子从一开始就好像跟陶瓷粘在了一起。那个时代的人们没有太多的选择，尽管很喜欢读书，但迫于家里的现实状况，只得中途退学，参加工作养家糊口，就这样，陶瓷朝他的人生又走进了一步。对那样一个贫苦的家庭而言，读书是个奢侈的想法。

但在采访中我发现，孟老师对于曾经的这些心酸往事，淡淡地一笑而过，并不时地回味一下，似乎如今留在他记忆中的更多的是诸如耙泥、犁地这种"浪漫"、"潇洒"的场景。不错，生活的艰辛的确让他们吃了不少苦，但同时却又给予他们更多的磨砺，使得他们的心胸变得开阔、豁达，这也算得上人生的另一种财富。

孟老师又是诚实的，对于上世纪70年代耀州青瓷的恢复试制工作，他并没有吹嘘自己参与的工作如何之多，而仅是谦虚地说自己当时只是向专家学习，这一点，对于现在社会而言，也是难能可贵的！

令人欣慰的是，命运终于还是给了孟老师机会，让他圆了上大学这个奢侈的梦，从而也奠定了他这一生从事陶瓷事业的基础，最终让他和陶瓷结下了不解之缘。

注 释

[1] 指在入窑烧造的时候，像大盆、大缸之类这种大号的器物里面，还要装入其他小号的器物泥坯，套起来烧，以节省窑内空间增加产量。
[2] 我国著名陶瓷专家。

第二章

我的大学生涯
——奠定了将来做陶瓷的基础和信念

MENG SHUFENG ON THE RUINS
An Oral History of the Chinese Pottery Art in Yaozhou

本章综述

采访地点：陕西铜川陶瓷研究所孟老师办公室
受 访 人：孟树锋（简称孟）
采 访 人：刘莹（简称刘）

1976年11月，孟老师终于如愿以偿进入景德镇陶瓷学院，开始了他的四年大学生涯。由于上大学的机会来之不易，孟老师又天生爱读书，因此在求学的过程中，他格外刻苦，格外珍惜这样的学习机会。其间，他在刘新园、梁任生等几位授课老师的启发影响下，对家乡的耀州青瓷、窑神庙产生好奇，随着以加深了解，他进而对古陶瓷产生了浓厚的兴趣，也就是这时候的兴趣为他以后在专业上的爱好和发展的方向打上了烙印。通过在陶院的国画、新彩、粉彩、青花等各门陶瓷专业课程，奠定了他将来从事陶瓷这个行业的基础和信念，也教给了他做陶瓷的一种基本技能。在大学里有很多记忆深刻的人和事，其中1978年被陶院评为"四学"积极分子代表并参加全市表彰大会这件事情对在红色年代里生长起来的他来说，是一件万分荣耀的事情，也是一件对他影响深远的事情，甚至在后来的十几年中，他都处于一种激进、狂热的状态。而在毕业前夕，一向品学兼优的孟老师却因为一个严重的过错，不仅自己背上了处分，连累了老师，更是失去了留校任教的机会。

第二章 我的大学生涯——奠定了将来做陶瓷的基础和信念

刘：您当时去上大学是个什么情况？

孟：去上大学之前我已经跟我家老崔（孟老师的爱人）订婚了，我们两个以前是同学，青梅竹马，1976年7月14日我们订的婚。我去上大学，老崔给了我很大的资助，车票、钱都是人家给的，她们家条件比我们家要好一点，并且老崔把我从铜川送到西安。

铜川的火车啊，1937年就开通了。其实铜川以前在整个陕西、整个西北是很有名气的，它是一个原材料和能源工业基地，它的产业支柱是煤、水泥，煤要更早一点，作为工业的粮食，煤要运出去，铁路很早就修过来了，所以说这个地方早先应该还是比较发达一点的，但是现在是落后了，因为这儿只有煤，别的没有。铜川到西安，火车票大概是三块钱，我们俩从铜川坐上火车到了西安，她有个哥哥以前当兵，复员以后分到西安，帮我买好了从西安到江西的火车票，大概十几块钱吧。那天早上我离开西安的时候，老崔去车站送我，那会儿是1976年11月份，早上很早，天还黑着，看不清楚她的脸，就听见她好像在低声哭呢！我从西安到郑州，郑州到株洲，株洲到南昌，南昌到贵溪，贵溪再到景德镇，那车很慢。

到景德镇的时候是晚上，下着雨，我没出火车站，当时景德镇的火车站还没修好呢。出门的时候，母亲跟我说："听说南方的水多，你可不要去凫水。"我母亲也没有出过远门，害怕我被淹死，我父亲也说出门小心点。我走的时候心里边没有一点点害怕，只想着：可算是飞出去了！

刘：在这之前您一直没有出去过？

孟：在这之前我就去过一次延安，去过一次西安，那都离得不远，去景德镇是第一次远门，老崔给我准备的行装，装了些书，还有一点点衣服，就一个很小的包袱。我在景德镇车站的候车室里待到天亮，因为想起来父母亲的交代，再说当时又下雨天又黑，黑灯瞎火的咱们又不知道路，最好还是等到天亮再走。天刚微微亮，我就开始往学校走了，一路打听，到了里村那个地方，就这样从火车站走到陶院的。看见学校大门，我就进去了，天还下着雨，太早了学校里面还没什么人，进去大门以后我又出来了，这就是大学？是不是真的呀？出来再看看，这就真的上了大学了？（笑）脑子里还是有些不敢相信。陶院那时候只有

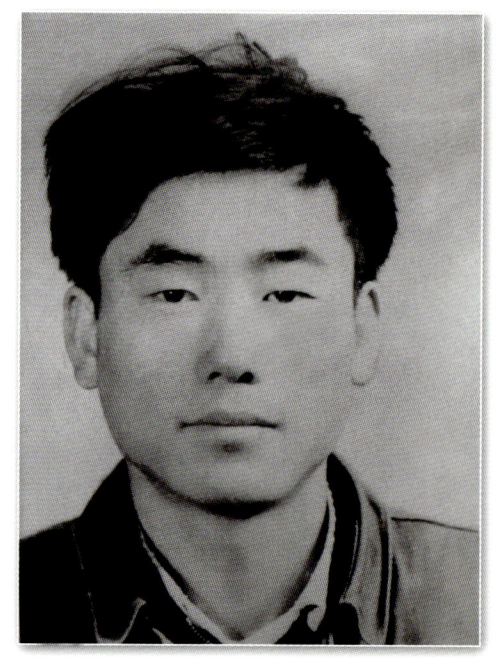

> 离开家乡去景德镇陶瓷学院读大学时学生证上的照片

三个系：美术系、机械系和工艺系，大概加起来不到100人，录取我的是美术系设计专业，美术系还有一个是雕塑班。

刘：您在陶院都学到了什么？或者说在陶院上学的这一段经历对您之后的发展有什么样的影响？

孟：在陶瓷学院首先是奠定了我们将来从事陶瓷这一行的基础和信念，也教给了我们后来这几十年做陶瓷的最基本的技能，打了这样

> 1977年元旦陶瓷学院首到学员合影留念（后排右起第二位为孟树锋）

的一个基础，当然随着后来做得越来越多，对陶瓷的感情和认知越来越深，已经不能离开它了！

最初在陶院学习的时候，曾经有一段时间我们对陶院信心不高，甚至学校的校徽同学都不太愿意戴，觉得陶瓷学院的名气不够高，但对于我来讲，不管怎么样，陶院我还是要好好上。我这个人还是属于喜欢念书的，但是因为家里穷，念不起书，以前在家的时候，周围的环境也不是很好，周围没有什么读书人，更没有学习的氛围，但是不管怎么样，我还是喜欢看看书，尽管当时也没有多少书可看，现在到了陶院，能有这样一个读书的环境不是很好嘛！这段时间应该说还是一个比较好的打基础的阶段，我读了一些古代文学的书，诗词啊、地理啊，都读了一些，当时看完书后做的一些笔记到现在我都还保留着呢！在进大学之前还有一个打基础的阶段，就是我在子弟小学教书的时候，曾经有一次我一个晚上读完了一本书，读完后还写了读书笔记，那会儿也就是乱评，但是我自己总觉着那就是一个自学的方法。因为我们上小学的时候，文化大革命就开始了，老师的水平都不太高，自然也教不了我们太多的东西，我还记得曾经教我语文的一个老师把陆游《卜算子·咏梅》里的"驿外断桥边，寂寞开无主"念成"释外断桥边"呢（大笑）！

不过，有段时间，不光是我，我们好多同学都很迷茫，不知道我们这个专业是做什么的？是为了解决什么问题，将来的去向是哪里？我们的老师也没有很好地跟我们讲过，也可能老师讲了我们没听明白，但是我们从心里面没太弄明白我们究竟是做什么的。课程安排得不尽合理，老师的水平参差不齐，学校的条件也不是很好，上课的环境也不是很理想。但是那时候大家都很用功，热衷于学画画，素描啊、水粉啊、国画啊，最热衷的还是国画。后来我们又开设了图案、陶瓷造型、花纸、新彩、粉彩、青花、艺术欣赏等课程。上新彩课的时候，我曾经和两个同学一起拜了艺术瓷厂的一位搞刷花的陈老先生为师，我们三个人

世代陶人 第二章 我的大学生涯——奠定了将来做陶瓷的基础和信念

> 采用刷花技法的釉上彩盘（孟树锋作）

> 采用刷花技法的釉上彩盘（孟树锋作）

悄悄开了小灶，我现在还留着好几个刷花的盘子。现在我看景德镇刷花的东西，应该说没人能到我们这个程度，好多看古董的对刷花完全不能理解，就说是贴花纸。大家比较用功的就是国画课，再就是上新彩课的热情比较高，但唯独我一个人对古陶瓷感兴趣。

刘：您这个兴趣是怎么产生的呢？是因为家乡的耀州窑吗？

孟：我那时候还不知道家乡的陶瓷这么有名呢！刚入校的时候，老师和同学们举行座谈会，让大家随便聊聊，我就说起了我们陈炉窑神庙的情况，因为我家就在窑神庙旁边，就是在窑神庙里面玩大的，当时对窑神庙的专业知识一点都没有，就只是说我们那的窑神庙很大，里面有很多碑子，上面记载的烧陶瓷的历史很长，祭窑神的场面多么隆重，等等，其实自己也没看过碑上的内容，都是听老人们讲的，我就跟老师同学们说了一下。没想到当时在陶院任教的梁任生教授听了，马上就说你们那儿的那个碑子怎么样有名气，曾经在日本展出过。梁先生实际上说的是黄堡镇的《德应侯碑》，不是我们陈炉窑神庙里的碑子，可能是我当时没太说清楚吧。不过听梁先生这么一说，我当时一想：原来我们家乡的东西还这么有名呢！这立刻引起了我的好奇，开始对陶瓷的历史有了兴趣。

再之后就开始对古陶瓷感兴趣了，这主要还是受益于刘新园教授。陶院当时没有开设关于古陶瓷的课程，我们第一年进校的时候，学校请来刘先生给我们做过一个讲座，刘先生就给我们讲景德镇陶瓷的历史，我一听就着了迷，上了瘾，觉得人家的水平高啊！我就去找刘先生，可巧刘先生的母亲是陕北人，我们也算是半个老乡，他就说，小孟，你就来我这看书吧。后来我就常去刘先生家看书，常去请教人家，把人家的好多图片都临摹下来，资料也抄下来，就是那个时候对古陶瓷产生的兴趣。说实在的，我们现在搞古陶瓷考古研究的、物理研究的、历史研究的、文化研究的，全国多少人哪！真正知识过硬的、做学问很严谨的、造诣很深的、让我们尊敬的，没有几个人。能够把我们陶瓷从古到今、从经验到理论、从艺术到技术、从工艺到文化，全部贯通起来的；能够把我们的建筑陶瓷、卫生陶瓷、工业陶瓷、特种陶瓷、传统陶瓷、日用陶瓷、美术陶瓷全部串通起来的，可以说几乎没有。刘新园搞这个陶瓷考古啊，我确实感觉到人家做学问是到家的，他能够把考古和工艺技术联系起来。我跟刘先生关系一直很好，现在还常通电话问候一下。

≫ 1985年与刘新园先生合影

033

世代陶人 第二章 我的大学生涯——奠定了将来做陶瓷的基础和信念

我们那一届毕业生里面，只有我的论文是谈老的东西，题目叫做《耀州窑的装饰艺术》，其他同学都是谈新的东西，也可能就是在那个时候对自己在专业上的爱好和前进的方向打上了烙印。在学校的时候，我就常去景德镇湖田窑还有观音阁的那个窑去挖瓷片，那时候也好挖，在那儿挖了好多东西。现在想起来觉得有点不太对，那时候也不太懂，挖出好看的就留着，不好看的就扔了，也破坏了好多。班上还有几个同学跟着我去挖过，但是他们都没坚持下来。毕业的时候我把挖的瓷片全都带回来了，最好的一件是当时陶院扩建挖地基的时候，我在那儿捡的。在那儿一共捡了三件东西：两个影青的碗，一个是芒口的，少了个豁，但是刻花刻得好，那是我捡的最好的一件东西了，现在还都留着；另一个是仰烧的，不如芒口那件好；还有一个青花小杯子，破成两片了，我把它粘起来了，也是有个豁口。还有一次我们去高岭村的时候，在农民家里要到一个提梁壶，上面画的是竹林七贤，没有盖子，壶嘴的地方破了一点点，还有一个苜蓿花的小盘，我都像宝贝似带回来了！应该说当时在陶院的学生里面，对古陶瓷感兴趣并能够谈一点的大概也就是我自己。

刘：除了对古陶瓷产生兴趣，大学期间还有哪些对您以后产生影响的人或事？

孟：梁先生对我的影响还有一点，那就是他喜欢民间陶瓷，我后来对民间陶瓷一直念念不忘或者说比较注重，这个受梁先生的影响不少，但是这老爷子也没给我们讲多少关于民间陶瓷的东西，现在看来也不怪他，他可能就是偏爱民间艺术这方面，但对民间陶瓷的工艺技术方面可能研究得不多，他只是偏爱。但是对我们来讲，怎么实实在在地在一个民间窑场的窑址上具体去做，是需要我们自己去探索的。所以毕业回来以后，我在陈炉的民间陶瓷上面下了很多功夫。另外，在字画方面，受余进宝老师的影响多一点，再就是李进老师画的新彩对我影响很大，他对陶瓷彩绘的理解应该说没有其他人可以比拟。国画上还有就是胡献雅胡先生，在胡先生那里还学到了一些东西，我后来喜欢做点诗尤其是律诗、绝句，跟胡先生有绝大的关系，押韵和平仄都是胡先生教

≫ 1990年赴香港展览时与梁任生先生在一起

≫ 与胡献雅夫妇合影

▷ 四学先进个人奖状

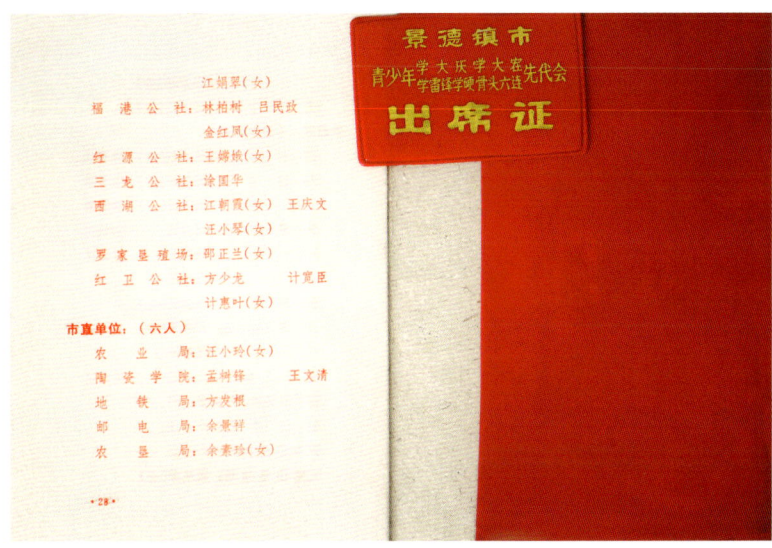

▷ 参加"四学"先进个人表彰大会的出席证和纪念册

给我的,还给我批改过一些作业。

在陶院的经历当中,有两件事情对我影响最大。

第一件事情是1978年的时候,那时候不是有"四学"嘛——"工业学大庆、农业学大寨、学习雷锋、学习硬骨头六连",我被咱们学院评上了景德镇市的"四学"积极分子。全陶院只有两个人,在景德镇宾馆参加了两天会,举行了盛大的活动,发给我们一个奖状,一个"四学"纪念册,这个纪念册后面印着景德镇市所有积极分子的名字,其中陶院底下写的就是我们两个人的名字,很自豪啊!这些我都还保留着,这都是我们自己走过来的路。

为什么说这件事情对我们影响大呢?我们生长在那个火红的年代,"文化大革命"对我们的影响很大,包括我这个名字。我父母亲给我起的名字叫"根善",就是根本善良的意思,现在有时候我还偶尔用一下这个名字,现在想我倒觉得还挺喜欢我这个小名,可是当时不喜欢这个名字。为什么会叫现在这个名字呢?是上小学三年级的时候,那时候"文化大革命"快要开始了,我们同学都说自己家给取的名字不好,都要改名,我就改成了现在这个名字——孟树锋,实际上就是树立先锋的意思,刚好这个名字又能跟我大哥二哥连起来,我大哥叫孟树业,二哥叫孟树发。那时候讲,共产党是工人阶级的先锋队,树立一个作为先锋的目标,我那时候尽管小,但是很激进。别看我现在这么喜欢秦腔,小的时候可不喜欢。我们陈炉有句闲话说"你对,你对什么呀,窑神庙对着戏楼呢",什么意思呢,窑神庙朝南,戏楼子朝北,正对着,这是这个地区的一个土话。我们成天来来往往经过窑神庙,那个戏台柱子上挂着广播,成天唱着秦腔,但是我们那时候对秦腔不感兴趣,我们喜欢歌舞,喜欢激进,喜欢样板戏,这都是红色年代的标志,那会儿整个思想比较激进。在这么一种状态下,我参加了景德镇市"四学"

035

先进分子表彰大会，感觉到很满足啊，自己很得意啊，整个陶院就我们两个人嘛！当时在我们学校数我穿的衣服是最破的，全是带补丁的，但是我都以此为荣，倒觉得那灰白的裤子挺好看，整个思想都在火热的状态下，所以那件事情对我们影响很大，也确实是这样的。从学校毕业回到工厂，在很长一段时间里，应该说到1990年以前，我的思想一直都是很激进、很狂热的，在陶院的这件事情可能也是一个很大的影响。

另外一件事情，也是在陶院的经历当中，对我影响最大的一件事情，还把我们当时的系主任龚龙水老师害苦了！

刘：是什么事情这么严重呢？

孟：是我们毕业实习的时候，之前老师跟我们说可以到北京去，我们都是那个红色年代成长起来的，对毛主席那简直是崇拜啊，想去北京那就跟做梦一样啊！我现在用的手机铃声还都是《东方红》的曲子呢！最后毕业的时候，我们班31个人全到了上海，准备从上海再去北京，但是因为当时北京正闹魏京生事件，进北京都要省一级的介绍信，否则根本进不去，所以我们就没法去了。龚老师当时是美术系的系主任，我是班长兼团支部书记，龚老师对我很信任，钱和介绍信都放在我这儿，这个消息他就跟我们班上几个同学说了。我们班几个同学一听不去北京了，马上急了，他们就背着我商量，要怂恿我去北京，说如果我不同意就打我，后来其中一个同学就把这事告诉我了。其实当时我自己也想去北京，干脆咱们就去吧！我们就集体签了一个保证书，每个人签字，不许把这事透漏出去，然后我们就背着老师偷偷跑掉了。

怎么进的北京呢？当时在上海有一个全国陶瓷展览，我们就拿着这张全国陶瓷展览的介绍信，从上海买了到天津的火车票，反正谁也不知道全国陶瓷展览在哪里办，然后我们从天津去了北京。后来老师就跟我们失去联系了，找不见我们了，陶院还派了人坐飞机赶到北京找我们。当时我们想去投奔中央工艺美术学院，有几个老师我们还认识，中央工艺的老师在车站对我说，小孟，你赶快回去，现在已经错了，别再错下去了！但是同学们还是不想走，陶院来的人也没有找见我们，我们又在北京玩了三天，然后从北京又到了天津，从天津又到上海，最后才回了学校。

后来因为这件事，学校给了我一个处分。本来学校是要对我做一个很重的处分，要开除，后来胡怀陵院长给我说了些好话，龚老师可能也做了些工作，这才没有被开除，给我记了过，让我在全院大会上做检讨，这点还得谢谢他们，我就觉着自己没有被开除这已经算好事了，不幸中的万幸了！我当时想：要是被开除回来的话，可怎么面对父母亲和老崔啊（笑）！但是因为我犯的这个错误，学校把龚老师的系主任职务给撤掉了，龚老师流着眼泪骂了我一顿，现在想想当时确实把老师害苦了！这件事情对人的打击也比较大，我在全院大会做检讨的时候，人家入党积极分子正举行宣誓大会，对比得那么强烈，我当时也是入党积极分子，就因为这件事被取消了资格。如果没有这件事的话，我可能会有留校的希望。

刘：其实这件事情也不能怪您，但是因为您是班长，就得承担这责任啊！那您怎么看待这件事情对您的影响？假如您当时留校的话，会不会觉得比现在更好呢？

孟：按当时来讲，肯定是愿意留校的，我们都想走出家乡。"父母在，不远游"，这是后来我们长了一些年纪，对人情、对父母的感情，以及对孔孟之道有了一些了解的时候，才有这种体会。当时年轻，还是想离开家乡，想走远，所以肯定是想留校，因为能留校的话就能离开陈炉这么一个贫瘠的地方，走得远一点，能好一些。那可能就跟我今天的这个发展成两个方向了。但是现在想起来，人的命运很可能老天早已经注定了，注定了我就不能离开家乡，不能离开耀州窑啊！79年从景德镇毕业后，我就又回到家乡了。

≫ 大学毕业证上的孟树锋（摄于1979年11月24日毕业前夕）

刘：换个角度来看，如果当年您留校的话，或许今天就少了一位研究耀州窑的专家，这对耀州窑来说也是一个不小的遗憾啊！

附：孟老师在陶院读书时创作的釉上彩绘作品。

▷ 模杨柳青年画娃娃抱鱼

▷ 模《延安颂》，取名《母亲》
意为怀念家乡

≫ 花釉提梁壶 高110毫米 直径202毫米（孟树锋 毕业设计作品）

本章总结

大学教育除了传授技能外，更多的是培养一种独立思考的能力。初入大学校门，孟老师就受到几位老师的影响，对古陶瓷产生了浓厚的兴趣，俗话说，"师父领进门，修行在个人"，孟老师在大学期间对各门课程的认真学习为他以后从事陶瓷行业和进行古陶瓷研究打下了坚实的基础，包括他在诗词书画方面的功夫。

大学对他来说是一段特殊的经历，正是这段经历使他具备了丰富的知识结构和更高的意识观念，而这些使他今天不单纯是一位工艺美术大师，不单纯是一位民间艺人，不单纯是一位耀州窑的继承者，他还是一位古陶瓷研究家、鉴定家和理论家。尽管没有留校任教，但对于孟老师来说，今天的成就证明了当时回到家乡未必不是一个更好的选择。

从孟老师珍藏至今的在大学获得的"四学"先进分子纪念册可以看出，那次荣誉对生长在那个火红年代里思想激进的他来说是意义重大的。我想，在他的心目中，这个荣誉甚至也不亚于今天国家级大师的称号吧！在翻看孟老师七八本厚厚的大相册时我注

> 孟老师珍藏的相册

意到，几乎在每一张照片的旁边，他都仔细地用毛笔写成的蝇头小楷对时间、人物、事件、感受等要素做了注释，有些意义非比寻常的，他甚至还作了小诗来纪念。这个细节看似简单，实际做起来却绝非易事，若不是一个对生活充满感情和懂得感情的人是断不能坚持下来的。像这样的珍藏还有很多：十七八岁写的读书笔记、大学时候老师批改的作业和画的瓷盘、当年捡的瓷片、为陶瓷厂设计的产品图纸……向我展示这些宝贝时，孟老师充满了兴奋之情和极大的满足感，正如他自己所说：这都是我们自己走过来的路。

注 释

① 陶瓷术语。采取覆烧法烧造的碗盘碟等器皿，因口沿无釉，露出胎骨，称之"芒口"。覆烧是瓷器烧造方法之一，与仰烧法相对，是将碗、盘之类的器物按反向扣置在各种样式的窑具（支圈和支垫）内堆迭烧成。此法在宋代定窑使用最普遍，景德镇各窑也采用。其优点是可减少变形量，增加与火焰的隔绝程度，提高瓷器质量，特别是对烧制白釉之类的瓷器最为有利，缺点是碗、盘的口部边沿的釉要削去，烧成的瓷器口部无釉，形成所谓的"芒口"。

第三章

七年厂长辛酸路
—— 对陈炉民间瓷的全面开发和出口创新

MENG SHUFENG ON THE RUINS
An Oral History of the Chinese Pottery Art in Yaozhou

本章综述

采访地点：陕西铜川陶瓷研究所孟老师办公室
受 访 人：孟树锋（简称孟）
采 访 人：刘莹（简称刘）

大学毕业后曾想离开陈炉、走出大山的孟老师，在无奈的情况下，回到了陈炉陶瓷厂技术科。进厂初期，受大学被处分事件的影响，他的情绪一度低迷，后来工作条件得到改善，他的积极性也逐渐提高，并且很快将自己在陶院所学的那一套东西转化到了实际工作中。1985年到1992年，在任职厂长的七年时间里，他一方面将李工当年因时间和条件未完的耀州青瓷研究工作继续完善提高，另一方面，通过自己在民间瓷上的潜心研究，全面恢复并开发了已经人亡艺绝的陈炉民间瓷，并且开拓了出口渠道，改进了生产线，培养了技术队伍，曾使陶瓷厂的年生产量最多高达1500万件。直到1990年，孟老师都是在一种激进的状态下，努力创作作品，利用自己的专业能力，为陶瓷厂做贡献，为家乡做贡献。然而，1990年参加香港展览归来之后，让他不解的是，等待他的是家乡人的巨大不满和一片抱怨；怀着对陶瓷厂、对家乡的失望，1992年，他最终卸下厂长重任，离开了为之辛勤付出了十二年的陶瓷厂，离开了让他爱恨交织的家乡陈炉。

刘：79年从大学毕业后，您就回到家乡了，是直接回陶瓷厂了吗？

孟：我们那时候毕业的大方向是哪里来回哪里去，但也不是绝对。从学校回来，开始还是挣扎了一下，不想回陶瓷厂，因为那毕竟是一个山区。当时我是最后一个离开陶院的，把同学都陆陆续续送走以后，我跟洛阳和赣州的两个同学，从景德镇出来，一路去了杭州、上海、镇江、洛阳，转了一圈才回到家。回来后先到铜川市委组织部去找我一个同学的舅舅，看能不能不回陶瓷厂，在学校的时候梁先生告诉过我不能抽烟、不能喝酒、不能走后门，我一直记着他的话，不抽烟、不喝酒，但是那一次破例买了一盒烟去找人家帮忙，但是没有成功。后来在无奈的情况下，还是回了陈炉陶瓷厂，那是80年初了！

进了陶瓷厂，我被分配到技术科，大概有四五个人，科长是乔留邦。那时候我情绪不是很高，原因就

▶ 九福碗象征永久幸福

▶ 九福碗

▶ 百鱼瓶

刚受了处分的打击，再一个就是本身也不情愿到这来，所以上班就不是很正规，吊儿郎当的。后来，当时的副厂长跟我谈了一次话，问我是不是有什么问题，我也就实话实说，把我受处分的事说了，再一个就是说工作环境和条件都不好，绘图工具没有，几个人挤一间屋子，没有地方绘图。过了没多久，厂长把这些问题都给我解决了，让我一个人一间办公室，缺什么让我去买，我就把各种工具都买

了一些，慢慢地我的积极性就提上来了！我很系统地针对我们那里的情况搞了一些陶瓷产品的设计，把我学的一些东西赶快转化过来，因为在景德镇学的是白瓷的一套东西，而我们这儿做的是粗瓷。后来看到自己设计的东西获了奖，还能作为工艺品出口，比如九福碗和百鱼瓶，我的劲头就更高了，尽管工厂没有奖过我一分钱。画的那些图纸，完全可以反映出来作为一个专业人员走过来的路子，都是跟在学校做作业似的，很认真地用鸭嘴笔画的三视图（正视图、俯视图、侧视图），那纸啊，有挂历纸、绘图纸、印画的纸，还有一般的纸，大小规格也不一样，那会儿给厂里节省着用。本来这些图纸我都还留着，可惜今年"五·一"的时候我去四川一所院校讲课，回来之后我办公室旁边的这间屋子着火了，图纸全被烧没了，只剩下家里存放的一小部分，很可惜。

刘：啊！那真是很可惜啊！后来您是什么时候开始当厂长的呢？在陶瓷厂您主要做了哪些工作？在专业上有哪些突破？

孟：1985年到1988年我当副厂长，实际上主要是干活，1988年6月1日接任厂长，8月11日承包签字，我正式当厂长，一直到1992年底，我离开陶瓷厂，离开陈炉。当厂长后，对于我来说，才有百分之二十的时间做专业，许多技术上的事情都是我来做。

要说我对陈炉真正的贡献，陈炉后来的民间瓷确实都是我一手搞出来的，也确实拿这个给我们陈炉挣了不少钱。我在大学的时候不就受梁先生的影响，对民间瓷有所偏爱嘛，毕业回到陈炉以后，我就到附近一些地方收了好多旧的民间陶瓷，大概有几百件。当时收那些东西确实费了好大劲，年轻，也不害怕什么，也能吃苦，本身就是苦孩子一个，我拿着干粮跑到几个县交界的地方把陶瓷换回来，换回来后我就整理。当时梁先生来陈炉看到这些东西都说不错，自己那时候才开始觉得有一点点成就感，自己专业上面的一点点工作得到老师的赞许，摸到了一点点眉目。从那个时候开始，我们就对陈炉窑的民间陶瓷做一些搜集整理，实际上也没有多少整理，直接搜集过来之后就很快地转化，几个拼对一下，然后很快地做成我们今天能够制作的东西，让它出手到广交会就可以卖钱了。在这一点上，别的人也没有这样的看法和意识，做的东西也不知什么好坏，我当时已经到厂里当了副厂长，可以有这个能力做这个事情了，也是几个方面的因素促成了我做这个事。

好像是1981年2月17日，西安的几位专家来到陈炉陶瓷厂看了我收的这些东西很高兴，就在里面选了22件参加5月份在民族文化宫举办的全国民间工艺品展销。后来，在这个展销会上，日本就订了六七种，那么这个订单过来之后就是我负责，货最后也是我送到省工艺美术公司的，刚开始基本上就是仿制，这是开始时候的出口。在此之前呢，人家陈炉陶瓷厂也出口过，出的就是我叔伯家大哥孟建财捏的狮子，在广交会上也曾经断断续续订过货，但真正的陈炉风格的民间瓷出口这是第一次。这个下来之后，我就在我们厂的陶瓷研究所，实际上就是工厂里面的试制组，跟几位老师傅，开发了一些民间工艺的粗瓷。

世代陶人 第三章 七年厂长辛酸路——对陈炉民间瓷的全面开发和出口创新

刘：这些老师傅都有谁呀？他们都具体负责什么呢？你们主要都开发了哪些产品？

孟：这几位老师傅是郭述勤、侯天福、王生勤，还有任智明、任智魁兄弟，任智魁就是我大姐夫，你们艺研院的方李莉老师2003年的时候来采访过他一次，采访后第四天，老人就去世了！这任家弟兄两个拉坯那简直是"绝代双骄"啊，他那哥绝到什么程度上？我们拉坯的时候要不断地上水，这时候泥的含水量就会增加，它就软，我们这儿的窑场管这叫"稀坯泥"，按说这种泥再回过来拉坯用是不行的，因为这泥本身也软，它已经在你做成一个形的时候，尤其是比较大的形的时候，泥里面有空气进去，就不是很致密了，再拉起来太软，拉不起来，但这老师傅他就能，他把"稀坯泥"在泥台上揉揉，把水份和空气给挤出来，然后照样能再拉出坯来，这兄弟俩功夫都很厉害。1981年到1984年，我都跟这几位老先生在一块，郭述勤主要负责拉坯，王生勤负责釉料，侯天福是做模型的，侯天福跟我刚才说的叔伯大哥孟建财这俩人也是绝代双骄，是陶瓷厂里做模型的两把大手，侯天福呢，他做活没有我大哥细，没有我大哥路子宽，但是他有他自己的风格，他做活快，但就是做得粗，不太讲究。当时还有一位老先生叫袁运忠，他原来是在瓷窑里面修坯干杂活的。

▷ 2003年3月16日方李莉老师来陈炉采访孟树锋的大姐和大姐夫时为其留影

这段时间就出了些新的作品，主要是两个方面：一个是耀州青瓷，主要是将李工（李国桢）当年未完成的研究工作继续完善提高；再一个就是陈炉风格的民间瓷。1986年，在绍兴举办的全国陶瓷评比中得三等奖的就是陈炉民间风格瓷组四件套，因为当时陕西就只有一件套的名额，我就把这几个不同风格的配合到一块，一

▷ 图3.5 与陈炉陶瓷厂老师傅在一起

> 1986年在绍兴举办的全国陶瓷评比中获三等奖的陈炉民间风格瓷组四件套

个黑釉剔花、一个白釉剔花、一个兰花、一个铁锈花。那次去绍兴,是我第一次坐飞机。

从1985年末到1986年初,包括1987年,这个时候我们就是一边组织人员加强技术培训,搞出口瓷和民间工艺瓷的创新,一边还有大量的工作是面向广交会的。每一届的广交会我都得去两次,开始布展的时候去一次,等最后收摊的时候再去一次,那会儿到广州坐火车要一个半白天两个晚上,时间很长,卧铺相当紧张,再说那时候我们也没有什么卧铺和硬座的概念,就是拿个破纸箱破报纸在座位下面一铺,火车一开就睡着了。我们去广交会的目的就是了解了解行情,了解外商对我们的产品有什么意见,然后我们配合人家外贸,那时候主要是外贸买断经营,我们把产品全都交给外贸,外贸什么产品卖多少钱,这个价格我们全都不知道,我们去就是了解一下,针对掌握的情况我们回来再改造。我们把出口瓷开发出来以后,1986年的时候就开始见效了。当时有八个出口瓷小组,在这基础上我们合成了一个出口瓷车间,1986年的10月份,出口瓷车间开张,我请来领导剪彩,让工人们响鞭炮,把机器拉上来,给他们建了新的窑洞。开发的产品初期有四五十个品种,到后来达到一百多个品种,比较杂,像九福碗、百鱼瓶、万寿碗等都是那时候开发出来的。

> 1986年8月26日至9月2日赴广东送首批订货并参加第六十届广州出口商品交易会

> 1988年出口瓷车间库房里开发的产品

世代陶人 第三章 七年厂长辛酸路——对陈炉民间瓷的全面开发和出口创新

▷ 黑釉剔花牡丹纹瓶 高 225 毫米 直径 160 毫米
（孟树锋设计并刻剔 郭述勤拉坯 1984 年作）

▷ 黑釉剔花牡丹纹瓶局部

> 刻填长直颈扁瓶高 220毫米 直径130毫米
（孟树锋设计并刻填 关培英成坯 1984年作）

世代陶人 第三章 七年厂长辛酸路——对陈炉民间瓷的全面开发和出口创新

> 兰花牡丹纹盖罐 高185毫米 直径113毫米（孟树锋 1985年作）

> 兰花盖罐局部

> 白釉剔花福字坛 高100毫米 直径90毫米 万寿碗 高50毫米 直径140毫米（孟树锋 1986年作）

> 铁锈花盖罐及其盖钮 高190毫米 直径13毫米（孟树锋 1985年作）

▷ 仿宋白釉剔花酒壶 高 200 毫米 直径 139 毫米（孟树锋 1986 年作）

▷ 黑釉剔花鱼藻纹玉壶春瓶 高 234 毫米 直径 130 毫米（孟树锋 1986 年作）

▷ 白釉剔花牡丹纹圆瓶 高 193 毫米 直径 165 毫米（孟树锋 1986 年作）

世代陶人

第三章 七年厂长辛酸路——对陈炉民间瓷的全面开发和出口创新

刘：当时您的开发主要是针对产品的设计吗？

孟：设计和制作。当时出口瓷车间里的工艺流程都是我设计的，设计了两套流程：一套是按照陈炉传统的陶瓷生产设计的；一套是从景德镇购买的新设备生产线，这等于粗细并取吧！因为我们出口的产品有一部分是要用白泥做的，粗泥做的就要上化妆土。

刘：那么您当时在开发这些新产品的时候，难度最大的是什么？

孟：工艺上的难度比较大。比如我们要打民间瓷的风格，因为陈炉的民间瓷有它独特的艺术语言和风格，虽然已经被人们遗忘了，也是人亡艺绝了，但是我从收回的一些老的东西上面把它再整理出来，把它再改造一下，因为要适应今天人们的使用和欣赏观念就肯定要改。比如拉坯成型这一关，我们在传统的生产线上基本上还是用手工拉坯、修坯，规格就把握不住，我们这些产品最后要放进统一的包装箱啊，在这种情况下，我就想了一个办法。以前拉坯的时候有种工具叫做"等子"，这个等子它有几种形式：在老的窑口里面，拉坯师傅的手本身就是等子，拉坯的时候用手一比划这样来测量（做手势），当然这是在艺人做得很熟悉的情况下；生疏一点的话就拿根竹棍当作等子，这个时候我就给他们做了一个等子。

刘：那会儿全都是手拉坯吗？

孟：多半是的。传统工艺一条线，现代工艺一条线，但是手工这条线的多，不用注浆、翻模，全是手拉，这样快，因为我们是数量少，品种多，翻模增加成本不划算。

后来出口的品种发展到200多种，规格几乎300多种，包装箱的规格就很多，所以要严格按照图纸来控制尺寸和造型,硬是要改造我们的老艺人啊！对新学徒呢，我先画出一个样子，他们照着画，我给他们烧了一批陶碗，拿水在上面画，干了以后又可以画，可以不断地在上面练习。在泥坯子上画得时间长了容易破，陶碗硬嘛，可以一直画，一直练，我还给他们讲过几次课，虽然他们可能听不懂，但我给他们灌输。我一天跑几个小组，跟工人们在一起，跟他们说怎么干，手把手地教出来的，那时候整个带出来了一批人哪！

» 兰花牡丹纹伞桶（孟树锋作 1988年获中国工艺品百花奖一等奖得"希望杯"）

那段时间，可以说，从我的家庭来讲，有了儿子，我爱人管理家务，我自己是全身心地投入到这里面来了，期间也得了不少奖。1988年，兰花牡丹纹雨伞桶获中国工艺品百花奖一等奖，得"希望杯"；还有北京的博览会银奖、全国轻工出口产品银奖、亚运会购物节天马银奖、轻工业部科技进步奖等等。

> 百花奖"希望杯"奖杯

刘：看得出您那时候为陶瓷厂花了不少心血。那后来为什么又要离开呢？有什么原因吗？

孟：的确是。可以这么说，我们厂的出口瓷，从产品研制到销售渠道，从继承到开发，那真是我一手开拓出来的啊，真是辛苦啊！实际上这段时间，对我自己来说，是一个高产时期；对陶瓷厂来说，是我出力最大的时候。那时候年轻，精力旺盛，士气高昂，也没什么怪的想法，能看到自己的作品被人承认能被订货，实现了我当初为家乡做贡献的想法，那就满足了，尽管挣的钱少，也无所谓了！我前面说过，到1990年以前，我的思想一直都是很激进的，一直想我们怎么样创作作品，怎么样建功立业在自己的家乡有点作为，怎么样实现理想为人民服务，怎么样为陶瓷事业贡献自己的青春，那时候那种狂热啊，干革命干工作报效国家，不计个人报酬，不计个人利益。1988年左右，我曾经写过一首诗叫《镇上的活》，就是把陶瓷联系起来，实际上算不上什么诗，但是表达了当时的一种心境：我生在陈炉镇，但是又不喜欢做陶瓷就想跑出去，跑到景德镇一看是做陶瓷，跑到佛山镇一看也是做陶瓷，跑到神垕镇一看又是做陶瓷，这才知道做陶瓷好，又重新回到我们这个镇上开始做陶瓷，并且不离

> 1989年春在厂里研发新产品

世代陶人 第三章 七年厂长辛酸路——对陈炉民间瓷的全面开发和出口创新

开陈炉陶瓷。我那个"三代陶人"实际上是改了,我以前用的闲章刻的是"三代陈陶",那是1987年的时候我让西安的一个朋友给我刻的一个章。"三代"当然还是我说的那三代,也是一个说法吧,"陈陶"当然就是陈炉陶瓷厂的简称,这个"陈"又是一个陈旧的意思,那首诗的最后就是说永不离开家乡陈炉镇。1988年我承包签字,正式当厂长,上任时候的演讲稿还在呢,都是很激越的。那为什么到1990年我会有一个世界观的转变呢,那种要为家乡做贡献,要让家乡富裕,要用自己所学的专业改变家乡的面貌,要让家乡父老和工厂走向富强的愿望,这种观念为什么要改变呢?那就是因为1990年那次香港的展览,这是最让人伤心的一件事情。

刘:那次展览是什么情况?发生了什么事情?

孟:去香港办展览,我当时一个公心一个私心。公心就是我们想在陈炉成立一个合资企业,就是三资企业,那时候时髦,全国都时兴搞合资企业,整个铜川还没有一家,我们想创第一个,你要让人家来合资,有两个途径:一个是你走出去介绍自己,一个是让人家进来认识我们,所以我们就想走出去,把我们陈炉的陶瓷带出去,让陈炉富

> 耀瓷素面三足小炉 高63毫米 直径45毫米(孟树锋 1983年作)

> 耀瓷刻花牡丹纹三足龙柄提梁壶 高197毫米 直径152毫米(孟树锋 1983年作)

> 耀瓷刻花牡丹纹杯 高72毫米 直径70毫米(孟树锋设计并刻花 关培英成坯 1984年作)

> 耀瓷划花鱼瓶 高125毫米 直径110毫米(孟树锋设计并刻划 关培英成坯 1984年作)

> 耀瓷刻花牡丹纹小五足炉 高45毫米 直径90毫米(孟树锋设计并刻花安足 关培英成坯 1984年作)

> 铁锈花鸟卧菊花盘 高20毫米 直径180毫米(孟树锋 1990年作)

裕；私心呢，1990年刚好是我毕业十年，去香港办自己毕业十周年展览。本来1984年的时候有个日本人想给我在日本办一个展览——孟树锋个人作品展，当时我在厂里的研究所，三十多个品种，我全部的经历都投入在那上面，包括开发新产品，那时候对于我来说能办一个个人作品展是一件巴不得的事情，结果最后搞黄了，现在几十年过去了，那个日本人的信还一直在我的抽屉里搁着呢！这事完蛋了之后，我自己唯一落下来的好处就是他们把我的东西拿出去卖，那下面都有字，人家都说这人做的东西好啊，都冲我要东西来了，那就是唯一给我自己扬的名。所以，我就很想毕业十年后来一次，结果在香港办了一个展览，这是私心。

▶ 1990年在香港举办的中国耀州窑陶瓷艺术展开幕式

客观讲，拿我们厂和我当时的环境与能力，根本不可能在境外举展。但那时候的各种机缘巧凑，那个展览是非常成功的！我们大小一共拿去1400多件瓷器，连开幕式上向来宾分赠的一个小印盒都算在里边，按当时我们产品给

▶ 孟树锋在香港展览的展厅里

外贸交货的最高价算7000元，正式展出的800多件，一共卖了23万多港元，按我们与文化部、香港中国广告有限公司2∶4∶4的分成比例，我们厂得了8万多港元，香港的报刊、电视都作了大量的宣传，真是风光极了。没想到从香港办完展览回来之后，却是一片怨声载道啊！下面的人都认为我自己拿了多少钱，我们的老乡都说我把陈炉的好东西都自己拿出去卖了钱，实际上我自己一分钱都没有拿。他们不知道，现在陶瓷厂里的那个耀州窑博物馆陈炉展厅，那就是我用那次香港展览赚的钱建成的，包括里面的柜子、里面的东西全是我设计的，其中有些老展品还是我从我们家里拿来的，还有一些是我收的，这些他们都不知道，但是只要看一下那些作品下面，肯定有我的名字。没想到从香港回来以后面对的却是这样的一个结果，

| 世代陶人 | 第三章 七年厂长辛酸路——对陈炉民间瓷的全面开发和出口创新

> 黑釉剔花牡丹纹大瓶 高440毫米 直径260毫米（孟树锋 1986年作）

▷ 黑釉剔花牡丹纹大瓶局部

越往后就越感觉不行了。

刘：那您当时设计开发的那些产品，现在还在做吗？

孟：后来也还有做。但是你看现在他们的产品开发，整个方向都不对路。我们可以举一个例子，比如这个黑釉剔花，按照陈炉这个地方的风格，这里属于西北地区，它应该是比较浑厚、粗犷、雄浑、朴素的一种风格，那么它所秉承的纹样应该是用它自己黑的釉子的颜色，光光的亮亮的釉的质感去对比粗粗的红红的泥胎的颜色，以这种色彩的对比和质感的对比来形成花纹。在泥胎上面先上一层黑釉，再去按照花纹抠这个釉子的时候，抠得深一点浅一点都没关系，因为泥胎的颜色一样，只要把釉子剔掉露出胎来就行。我离开之后，他们嫌泥胎的颜色深，就在胎上面先上一层化妆土，最多也就半个毫米厚，薄薄的一层，在化妆土上面再上黑釉，再剔花，剔花的时候得要小心翼翼，抠太浅黑釉剔不掉，抠太重就把下面白的化妆土剔掉了，增加了这些不必要的难度；再一个就是釉子里面加进了化学提纯的物质，烧出来之后，釉子贼亮贼亮，底色是煞白煞白，非常不协调，很造作。我如果在那里是绝对不可以这么做的，我们学了专业连这个关都把不住的话还叫什么专业？比较一下，完全是两个效果。稍微有点文化的人都能看得出来，哪个自然一点，朴实一点，因为陈炉这里的陶瓷传统本身就属于朴实的一类，而不是人家景德镇那种像玉一样、像美人一样，你是北方大汉呀，要浑厚一点！

刘：那您后来是如何离开的？离开之后您就到了现在的研究所了吗？您现在如何看待在陶瓷厂的这十几年时间？

孟：当时我们还是处在山区里面，对一些人情世故都不太开窍。

我是1992年的10月27日离开陶瓷厂的，11月，我到了当时这座楼四层上的一个陶瓷工业公司，属于组织调动。他们认为我是一个专业技术人员，不适合搞经营，就把我调到陶瓷工业公司，我任副经理兼总工艺师。利用那段时间在专业上我做了两件事：第一就是把我当时的毕业论文充实了一下，后来在1999年上海古陶瓷科学技术国际讨论会上发表了一下；第二就是搞德应侯碑的东西，主要就是这两件事。

在陶瓷工业公司待了整整四年的时间，一直到1996年10月份离开，组建现在的这个陶瓷研究所，归国资委管辖，到现在也已经十年了。

说起来在陶瓷厂的十几年，怨气肯定是有的，我们为了厂子辛辛苦苦付出了那么多心血，最后却换来这样一个结果，换成谁都会觉得不公平，都会有抱怨，但是随着自身年龄的慢慢增长，对过去的这些事情就变得不像以前那么在意了，都慢慢看淡了。

现在回想起来，我对陈炉这个地方陶瓷的认知程度，我做陶瓷的熟练程度，应该说就是在那个时候打下了一个很好的基础，包括后来说去日本展览做的那一批陶瓷，那都是踏踏实实的。以至于到了铜川陶瓷研究所，现在这个实验工厂已经完全可以把这一套生产应用起来。再到现在我做耀州窑的这个非物质文化遗产项目，研究以前的工艺技术，可以说我比他们都能深入得多。我们去采访老艺人，我就可以从他们那里挖，挖到我们最需要的资料，假如不懂这个地方的工艺技术，那怎么去挖？怎么去问？想让他们回答什么东西？不知道从哪里下手。所以我觉得我们现在做非物质文化遗产的保护，首先要了解当地的工艺基础。

这些都是我在陶瓷厂这十几年积累起来的行业技能和专业知识。

本章总结

  陈炉是一个典型的北方民间窑场,元代的铁锈花瓷、清代的兰花瓷都曾是这个地方最具民间特色的瓷种,深受当地人们的喜爱。上世纪60年代,陈炉曾大力学习外地瓷技,开始学做细白瓷和釉上彩瓷。而事实证明,盲目地学习外地并不能够解决自身问题,这两种瓷器在陈炉并没有流行多久便衰落下去。80年代,孟老师担任厂长后,因地制宜,结合陈炉自身的原料性质和这个地方的审美风格以及民族性格,恢复拯救了几近绝迹的民间兰花瓷和铁锈花瓷,新创了黑、白釉剔花瓷和花釉瓷,并且开创了出口渠道,找到了适合陈炉陶瓷发展的新路子。

  我在孟老师的家中,的确看到了很多当年他为陈炉陶瓷厂设计的产品图纸,跟他所述一样,鸭嘴笔绘的正规的三视图,线条、比例、标注都十分规范,这应该说是作为一位专业陶瓷设计人员所具备的基本专业素质,反映出孟老师扎实的基本功和严谨的治学作风。

  通过谈话,不难看出孟老师心里对于家乡的无奈和伤感。

  在陶瓷厂工作的十余年里,尽管受到了一些不公正的待遇和评价,但长期工作在生产第一线所积累的宝贵经验却为孟老师日后的艺术创作打下了一个坚实的实践基础,这些对于他来说才是最为难能可贵的。

第四章

我家陈炉镇之瓷

——陈炉镇做陶瓷的历史及现状

MENG SHUFENG ON THE RUINS
An Oral History of the Chinese Pottery Art in Yaozhou

本章综述

采访地点：陈炉镇
受 访 人：孟树锋（简称孟）
采 访 人：刘莹（简称刘）

陈炉镇在陕西省铜川市东南20公里处的山中，位于关中平原与陕北高原接壤的台沿上，以陶炉陈列或者炉渣遍陈而得其名。陈炉制瓷当始于宋代，北宋黄堡镇耀州窑显赫四方之时，在众多的卫星窑场之中，它还只是一个无名小卒；金元兵乱，黄堡窑场受战争的重创而逐渐衰落，陈炉制瓷规模不断扩大，明清时，已成为继黄堡镇之后西北地区最大的制瓷基地和陶瓷集散地。

陈炉有着丰富的粘土和煤炭资源，具备了进行陶瓷生产的基本条件。"炉火不眠"是对陈炉当年瓷业兴盛的最形象写照，无论是元末明初兴起的铁锈花瓷，还是清代晚期出现的兰花瓷，陈炉陶人都在不断学习外界的同时，结合自身的原料特性、民族性格以及当地审美、生活习俗，改进创新，形成了西北地区特有的粗犷、洗练、洒脱的民间风格，使得陈炉的陶瓷业一度达到高峰。

陈炉在长达近千年的瓷业发展中，形成了一套自己的行业分工、行业规范和行业信仰。这里讲究碗窑、瓮窑、黑窑"三行不乱"，以及窑户、瓷户、贩户、脚户"四户分立"，他们有自己的利益分配原则和计量方式，以"折头"作为标准件和换算单位；瓷器销售分南路、东路、北路三条基本固定的路线；窑神庙里供奉的是虞舜、太上老君和雷公三位窑神，当地陶人每年分春秋两次祭祀窑神，以祈求窑神保佑陈炉瓷业兴旺。

 第四章 我家陈炉镇之瓷——陈炉镇做陶瓷的历史及现状

世代陶人 第四章 我家陈炉镇之瓷——陈炉镇做陶瓷的历史及现状

编者注

这部分访谈主要是在孟老师的家乡陈炉镇进行的。陈炉的海拔大约在800米到1200米之间，站在山头一眼望过去，便是平坦开阔的八百里秦川。镇子在外围约十里的一处凹盆地里，周围有南堡子、北堡子、西堡子和永受村堡子，四堡撑天。孟老师介绍，在陕西的很多地方都有这种高高的城堡，可能是因为过去战争的原因，人们要居高而住。对于这种城堡，孟老师有自己的看法：在陶渊明那个时代，不是说他有"乌托邦"思想嘛，在魏晋就产生了一种"坞壁"文化，就是把大家围起来，这种城堡会不会也是受此影响呢？

陈炉有一口泉叫做方泉，旁边是一条小溪，整个陈炉基本就围绕这条小溪，一边是开采原料和加工原料，一边是居住和制作陶瓷，以这条河沟为界。村里人吃水也都是靠这口方泉，泉

▶ 陈炉秋景

沿边上的石头都被水桶磨去了棱角，变得圆滑。以前这条小溪的旁边都是耙池和泥池，因为要耙泥要靠近水源，而现在，已经看不到一丝痕迹了！

刘：陈炉镇是您的家乡，前面您提到它做陶瓷的历史应该是始自宋

▶ 方 泉

代，我们都知道它是属于耀州窑系，而耀州窑最辉煌是在宋代，当时黄堡镇是它的中心窑场，那么陈炉窑场和黄堡窑场是怎样的一种关系？后来陈炉又是如何发展成为西北最大的制瓷基地？

孟：宋代耀州窑[1]达到最高水平，陈炉镇应该说是耀州窑的延续和发展，确切些说，它是耀州窑系的一个亚系，或是耀州窑的一个卫星窑场、后续窑场。因为耀州青瓷只是在宋代这段时间达到鼎盛，但之后由于各种原因耀州青瓷就彻底没有了，社会要发展，艺术也要发展，如果不发展的话就等于没有生路，但有时候发展要借助好多外力，比如说军事的、政治的、社会的因素。耀州窑在黄堡镇宋代达到高峰以后，由于金元时候的战争，使得它从高峰上面跌落下来，窑工们纷纷流入陈炉镇，明代中期，黄堡镇便彻底不烧了，而陈炉镇就已经取而代之，成为西北地区最大的制瓷基地了，在明末的志书中就将"炉山不夜"列入同官八景之一[2]。

但是陈炉镇起来之后呢，就改变了宋代耀州窑青瓷的风格，它兴起的是铁锈花，这是陈炉镇最能彪秉史册的东西，也是它最有创造性、最有个性的一个东西，是在元末明初时候兴起的。明代陈炉镇的陶瓷达到了一个高峰，几乎可以说跟元代不相上下，因为这个时候它不光做日用瓷，还做建筑陶瓷，全国的建筑陶瓷，唯有我们陈炉镇这个地方是有皇家册封的御碑。明王朝朱元璋不是把他的次子封在西安嘛，秦王府里面用的建筑陶瓷就是陈炉镇所出，然后在这个地方立了一个碑，现在在西安碑林里面，所以陈炉镇还做建筑陶瓷[3]。到了清代初期，陈炉窑走向没落，到清中期以后，又开始兴旺了，这个地方的人们就开始变通，此时景德镇的陶瓷风靡天下，不管是南方还是北方，统统都学习景德镇，我们陈炉镇也不例外，所以它学习了景德镇的青花。到了民国初年的时候，它又到了一个低潮，抗日战争一打响，它又起来了，又到了一个高潮。解放战争的时候，陈炉镇的陶瓷年产量达到了800多万件，这在全国一般的陶瓷产区里还是不太多见的，规模应该说是非常大的。后来解放以后，走了一点点弯路，那时候开始还是维持解放以前的个体经营、个体作坊，到了50年代中期，1955年、1956年，就开始合并、合作化，开始国有化，我们家全部的陶瓷作坊都国有了。这里就成立了八个合作社，到1958年，在这八个合作社的基础上就成立了陈炉陶瓷厂。陶瓷厂一成立起来，它的产量达到1000万件以上，主要就是日用粗瓷，在整个西北来讲，是这一类陶瓷产量的老大，到后来我当厂长的时候，产量最高不是达到了1500件以上嘛，那时候可以说是陈炉陶瓷最辉煌的时期，那是从1984年到1992年，再后来就不行了。陈炉陶瓷厂大量明显减退是在1995年，以前我搞的外贸到1995年就彻底不做了，后来零星有一点，到1997年急剧缩小，日用粗瓷停产是在2003年，大马蹄窑停烧也是在这一年。

刘：那现在镇上还有人在做陶瓷吗？

孟：现在镇上做陶瓷的还有，但是很少了，大概从1997、1998年就几乎没有什么人在做了，现在有几个私人在做，很单纯，有时候做一点点，做的东西跟以前也不太一样了，铜川还有做的。

第四章 我家陈炉镇之瓷——陈炉镇做陶瓷的历史及现状

刘：陈炉镇得名是在什么时候？

孟：应该是在明代左右，有两个说法：一个是陶炉陈列，陶炉这里一个，那里一个，一排排一行行；再一个就是炉渣遍陈，到处都是灰渣。在明代以前没有陈炉镇的记载，毕竟是个小镇，不像人家景德镇，以前叫新平镇，唐代叫昌南镇，宋代叫景德镇，人家是宋代四大名镇之一。所以现在很多书里把陈炉抬得太高，说是找到了整个北方窑的坐标，可改写中国陶瓷史，这是不客观的。

刘：陈炉镇作为您的家乡，您又一直搞这个研究，对于陈炉，您应该最有发言权，那么您是如何看待陈炉做陶瓷的历史地位呢？

孟：的确是这样，我是陈炉人，我在陈炉待了那么长时间，几乎陈炉窑口的边边角角我都跑到过，哪里有什么东西，有什么标本，我全部都找齐了，在这样了解的基础上，要讲陈炉窑我想我应该最有发言权。我曾经写过一篇文章，我在文章中指出陈炉只是大中华、大陶瓷的沧海一粟，不能在没有丝毫实物证据的情况下，非说其制瓷历史创于北周而早于山东寨里窑甚至浙江德清窑，或者说元明就有青花，更不能凭只进镇几天就断言"找到了整个北方窑的坐标"，"可改写中国陶瓷史"云云。陈炉虽然是我的家乡，但是我们要客观地评价它，我们要对历史负责任。以历史上著名的佛山镇、景德镇、丁蜀镇、朱仙镇四大名镇来说，前三个都是以出陶瓷而扬名的，为何没列曾有"十里陶场"的黄堡镇？更何况名不见经传的陈炉镇！陈炉窑应该讲是属于耀州窑系的，单列一个陈炉窑出来，大没必要，要上升到耀州窑的水平都是难乎其难，都是不可能的事，更不必说在中国的名窑行列里面排榜次、排座次了。

有一些来陈炉镇考察的所谓专家，就在这挖了一下，我觉得连门还没入，便在媒体上鼓动记者吹嘘，就把陈炉窑捧得那么高，你说这了得吗？专家这么一说，大家就都认为陈炉窑了不得，连很多从陈炉走出去，我觉得是精英的一些人物都跑来问我：陈炉窑究竟怎么样？是不是有说得那么厉害？我都没法回答啊，我只能说，但愿我们的家乡能像这样发展起来，陈炉窑就是这么回事。要说它是民间性，它真是民间性，为什么我说他们没有找对门呢？陈炉真正的问题是，它是民间窑场，它和宋代当时的耀州青瓷还是有差别的，也就是说，它和耀州青瓷与当时整个全国大形势能够联系起来，联系得那么紧密，而且在宋代名窑林立的这样一个局势下，与走在前列的水平上是不能相比的，它的规模和地域是很小的。景德镇那么大的地域，几十个大烟囱，几十个大瓷厂，那是全世界有名的，就算现在没有那些了，那也是几千家个体户，人家都是一辈一辈，没有断传下来，我们如果认真地去研究、去总结景德镇每家每户每一个姓氏在陶瓷这一行上做出的贡献、自己的发明创造、传统的经验技术，可以说十天十夜都数不完，这样一比，陈炉镇算得了什么呢？它哪一家是正儿八经流传有序的？它有什么绝活？有什么能让国人称道的？中国做陶瓷的那么多，像陈炉镇这样的制瓷小镇在全国来说不知道有多少，几乎每个地方都有，因为陶瓷在中国的手工业中

>> 陈炉粘土矿，当年陈炉陶瓷厂就是在这里取土采料，离得不远处就是耙池和泥池

是一大宗，陶瓷在过去的生活中起主导的作用，家里边的缸、坛、罐、碗、碟、盘，全是陶瓷，它是生活的主导用品，市场需求量大，大家就都去做，而且按照现在来讲，中国的原料分布也很广泛，哪里有土，市场上有需要，哪里就会去做这个东西。这么多做陶瓷的，大大小小多少个，谁才能够出名？这么一大片，最后才出了一个宋代五大名窑，你陈炉镇就想去改写中国陶瓷历史？它能改变吗？说它是沧海一粟就已经比较合理了！

刘：任何一个地方做陶瓷，一般都是就地取材，首先当地得有丰富的原料，包括泥料啊、釉料啊，陈炉在这方面有哪些优势呢？

孟：是的。陈炉镇周围有藏量丰富、品质优良的粘土和煤炭，这就为制瓷提供了雄厚的物质基础。你看这满山都是粘土，这些黄色的土质含铁量高，含钛量高，当地就是用它来做陶瓷，粘土是地质上和陶瓷上的专业术语，当地把它叫做"坩子土"。陈炉做陶瓷用的釉子在当地有一些，但很少，釉药用的是富平的。陈炉东边山下十多华里就是关中平原北部的富平县，实际上陈炉和富平一个山上一个山下，当时区域界限也不是很明显，富平釉石就产于陈炉山下，就是从这座山的塬上开采的。这里的釉料镁的含量比南方稍微高一点，但是硬度很高，属于高钙镁釉，南方

>> 坩子土

是高钙釉。

其实北方做陶瓷有一个得天独厚的条件，就是粘土从山上挖下来的时候很硬，在地质上面讲它的结构是软质半软质的粘土，它挖出来很硬，但是经过风吹日晒后，它就风化了，风化后就很软，实际上在北方做陶瓷就是不用水耙都行，就把风化后的泥巴放在缸里边一搅和，然后把清的漂出来，叫做漂洗，沉淀下来的就是泥，这就能行。所以如果是风化很好的料，耙起泥来是很方便的，相比之下，南方的瓷石没有这么好的风化，它比较硬，它的摩氏硬度应该在4左右，而北方的粘土硬度在1-2之间。这怎么理解呢？像我们熟悉的玉，它的硬度是7，而金刚石的硬度是10，就是这么一个概念。所以说北方做陶瓷的确是得天独厚的。粘土挖下来以后最好风化一年以上再用，这样做出来的陶瓷确实是没有核素辐射和有害物质的，现在我们用的这种石英质的瓷器，就是瓷石，因为它的结构太紧密，硬度高，它里面的核素释放不出来，被锁在里面，这样在使用起来，对人体其实是有害的。而北方的粘土，在地质上面属于沉积粘土，又称次生粘土或二次粘土，是经过风力啊、水力啊、地壳运动啊等自然力的搬运而沉积下来的，就是由于在搬运过程中混入杂质，因此往往含较高的铁、钛杂质。这种次生粘土还有什么湖相、海相、陆相几个相貌，它在被搬弄的过程中间，其内部结构就已经被破坏了，经过风化以后，它里面该有的东西都跑掉了，再烧得温度高一点就什么东西都没有了，所以出来的陶瓷是完全环保，完全无害的。

刘：前面您提到，元代的铁锈花，是陈炉镇最能彪秉史册的东西，也是它最有创造性、最有个性的东西。铁锈花这个品种在很多窑场都有烧造，特别是磁州窑，是一大宗，那么，相比而言，陈炉铁锈花的创造性和个性表现在哪里？

孟：不能一看到铁锈花就说是磁州窑的，本身大家对这个窑系之说就有异议。从北至南，全国凡是有这种原料的窑口，大家都不约而同地找到这么一种方法，就是说不约而同地运用这么一种表现手法，但是它们的工艺特点不一样，艺术风格不一样，你看磁州窑的铁锈花，它的图案多半是具象的，而耀州这边的铁锈花图案多是抽象的，因此不能单纯以形式统归于磁州窑系。陈炉陶瓷到明代达到最高峰，规模也大，但是就水平而

▷ 风化的粘土

言，还应该是元代最高，主要就是铁锈花。从我们现在的艺术角度来讲，它创出了有自己独特风格的艺术品，自己的艺术风格出来了，就像耀州窑在宋代形成了自己刻花青瓷的艺术风格一样，卷草纹是这个窑场最常见的纹样，在其他窑场很少见到，几乎是没有，全国能够跟这里这种铁锈花画法雷同的大概也就一到两个地方吧，其他我们还没有见到过。磁州窑的铁锈花跟这儿就完全是两回事，磁州窑画得比较具象，比如人物啊，故事情节啊，狮子老虎啊；而这个地方画得很抽象，画得快，很随意，很洗练，像是用毛笔蘸着色料一挥而就，信手勾来，装饰性很强，这就是陈炉铁锈花最普遍使用和最强烈的特色风格。

陈炉还有一种忍冬纹，这种花纹是从敦煌唐文化过来的，陈炉这里把忍冬纹搞得非常大气，很简练，我收藏有一件元代的黑釉剔花作品，是陈炉这个窑场里面比较让人激动的东西，实际上它有两个名字，一个叫做罂，一个叫做xiang，就是过去的酒坛子，上面刻的就是忍冬纹，口沿没有釉，是套烧的，造型很饱满，大气厚重，很有气势，很洗练、很精神。

> 铁锈花瓷卷草纹瓷片

> 铁锈花瓷卷草纹瓷片

> 铁锈花瓷卷草纹瓷片

> 铁锈花瓷卷草纹瓷片

> 铁锈花瓷卷草纹瓷片

世代陶人 第四章 我家陈炉镇之瓷——陈炉镇做陶瓷的历史及现状

▷ 元磁州窑铁锈花折枝开光罐（辽宁绥中三道岗元代沉船出水）

▷ 金磁州窑八角形白地婴戏风筝枕

▷ 宋磁州窑铁锈花垂钓纹腰形枕

▷ 元代耀州窑铁锈花卷草纹罐（耀州窑博物馆藏）

▷ 元代耀州窑铁锈花卷草纹玉壶春瓶（陕西省博物馆）

刘：您说的色料是当地的土釉吗？

孟：不对。这种色料是用一种含铁量很高的矿石，经过粉碎、漂洗、精研而成，有高、中、低温之分，属于釉下彩。我对瓷器有一个比喻：瓷器就跟人一样，有骨、有肉、有血液，泥胎是它的骨头，釉子是它的肉，色料是它的血液。泥料、釉料、色料这三个东西不能乱，就像我的这个比喻，我们的骨头把骨架搭起来，我们的肉把全身包起来，然后我们的血液在里面流淌，就是这三个东西。

铁锈花有白地黑地之分，白地铁锈花也叫白地绘黑花，就是在泥胎上先上一层白色化妆土，胎体本身是灰黑色的，上化妆土的目的就是为了遮住胎体本来的灰色使胎体变白和覆盖坯体在成型过程中形成的孔眼、凹凸痕迹和杂质斑点，起美化作用，相当于打一层粉底，然后再在上面赶快用色料画，画好之后"咕咚"再蘸一下透明釉，所以它是釉下的。化妆土技术在我国北方绝大多数窑场使用都很普遍，南方也有个别地方用。各地叫法不一样，我们这边管化妆土叫老硷，景德镇也叫珍珠釉，并且直接拿它做面釉用了。

➤ 元代黑釉剔花忍冬纹罂（孟树锋收藏）

我收藏有一件元代铁锈花卷草纹玉壶春瓶，用的就是这种化妆土工艺，只是它的瓶身下部上的是黑釉，但是因为它的整个烧成温度低，大概在1230℃左右，没有烧到温度，呈色没有到位，莫来石晶体没有生成，没有达到陶瓷应该具备的温度，专业上叫做没有烧结，这样，釉子就没有进行玻化（玻璃化），所以看上去

➤ 元代铁锈花卷草纹玉壶春瓶（孟树锋收藏）

很像是土釉,假如烧到温度,釉色就应该是透明的,色料画的地方就更黑。上白下黑,是民间陶瓷最基本的特色,上面白,颜色轻,下面弄一块深颜色,显得沉重稳当一点,而且从装饰的效果来看,人们的视角在中上部,所以下面就给省略掉了。但是下面的釉子又不上到底,陶工们是非常聪明的,在釉缸内放一个钵,"咕咚"一下把瓶底墩在钵里面,拿出来的时候,钵内吸着气,瓶底足就不会蘸到釉子,就不用再刮釉

> 元代铁锈花卷草纹玉壶春瓶局部

了,而且底下无釉也给高温烧制时上面的釉子流动留下距离,好像做人,咱们要给人家留下一些方便的地方,不要一下子到底头,这样不就粘住了,那我们还收什么庄稼?

所谓黑釉下面的铁锈花,就是黑釉下面出现一些红褐色花纹。黑釉的主要着色剂是氧化铁,四氧化三铁,色料也同样是四氧化三铁,但黑釉里四氧化三铁的含量一般在2%左右,如果说黑釉里面的铁的含量达到3%以上的话,就肯定要出现油滴、雨点这样的效果,这几乎成了规律性的东西。在高温下铁发色时,会冲破一切阻力,黑釉是所有釉子里面覆盖能力最强的,它就像秦始皇、毛泽东这样的铁拳人物,但是火候达到成熟时,色料中的铁在发色时能冲破黑釉的阻力。那么,黑釉里面本身就有铁,色料中的铁又可以把釉子里面的铁带出来,它自己也能冒出来,所以它冲破以后就呈现出红褐色。我们如果用色料

> 黑釉窑变花瓶 高263毫米 直径130毫米(孟树锋 2002年作 在黑釉下面用铁锈花色料绘纹样产生的窑变效果)

画一些纹样，那么它在流动的过程中就会产生一些窑变的效果。建窑的东西之所以烧得那么好，它的基础条件就是黑釉里面的含铁量高。

黑釉啊，是所有釉中烧成范围最广的一种，像我们陕北的老农民，你说让他吃海鲜也行，吃大鱼大肉也行，你若让他吃草都行，他在什么样的环境下都能生活，这就是我们的黑釉。你把我放在窑里面哪个角落都行，你放在什么位置我给你呈现什么样的颜色，我给你做什么样的努力，就跟做人一样。但是像景德镇的釉里红，那是绝对不行，那是林妹妹，一句重话都不能说，你给她个脸色她都要哭了，就那么娇气。南北都用黑釉，但又不太一样：南方的黑釉有时候薄一点，多半带有棕的颜色；北方的黑釉厚一点，黑亮一点。陈炉的黑釉也不错，但是这里的黑釉由于原料问题，实际上要比山西窑的黑釉差远了，我觉得全国的黑釉要说最好的那还是人家山西的。黑如漆是黑釉达到最正宗、最佳火位和火候的表现。

刘：请您给我们解释一下火位和火候这两者的意思和区别。

孟：火位和火候是两个不同的概念。火位是瓷器放在窑里面的位置，火候是烧窑的师傅把火控制到什么程度。尽管把瓷器放在了一个很正当的火位上，但是如果烧窑的老师傅火候没掌握好，整窑全坏

➤ 宋建阳窑黑釉油滴碗（日本静嘉堂文库美术馆藏）

➤ 宋建阳窑黑釉油滴碗（英国大维德中国艺术基金会藏）

| 世代陶人 | 第四章 我家陈炉镇之瓷——陈炉镇做陶瓷的历史及现状

▷ 用黑釉老缸垒砌的山墙

了，就算放在正位上也同样会烧坏，也同样没收成。我们做陶瓷的一看就知道一件瓷器是在窑内什么火位和用什么火候烧成的。

▷ 这种嵌入黑釉大缸的墙体随处可见

刘：我注意到，镇上除了罐罐垒墙，还有很多像城堡似的山墙，是用好些黑釉老缸垒起来的，但是我发现这些缸的釉色有深有浅，这是不是就跟它们在窑内所处的不同火位或者烧成的不同火候有关呢？还有，刚才路上捡到的一块很红的瓷片，您说也是黑釉，它的颜色为什么会这么红，甚至有点像汉代的朱红漆？

孟：是的，就是由于火位不同，黑釉在低温区、中温区、高温区会呈现黄色、黑色、棕色、红色等各种颜色，所以才说黑釉是烧成范围最广的釉。茶叶末就是黑釉在低温区的一种表现。刚才看到的那块瓷片，可以烧成那么红的颜色，说明它的含铁量高，它的温度恰到好处，瓷片是老的，应该是元代的。

刘：陈炉的兰花瓷也是其产品中的一大宗，它也是学习景德镇的青花发展起来的吧？跟景德镇相比，这里的兰花是否有自己的特点？

孟：陈炉的这个兰花呢，我认为它肯定是向人家景德镇学习的，这个没说的，只是人家景德镇叫做青花，我觉得我们应该客观一

> 在路上捡到的朱红颜色的元代黑釉瓷片

点，承认这个事实。但就这一点，这里很多所谓的专家称陈炉镇的青花在元明时期就生产了，景德镇在元代才发明了青花，你这小小的陈炉镇在元代就能有了？为什么我说陈炉的兰花瓷绝对是学习人家景德镇呢？"苜蓿花"和"渔樵耕读"就是最有力的证据。

"苜蓿花"在景德镇应该是乾隆和嘉庆这个年代火起来的，当时景德镇的民窑出现了这种青花苜蓿花碗盘，"渔樵耕读"也是这个年代稍微晚点产生的。景德镇的"苜蓿花"实际上也有一个变化的过程，有一个从细致到粗放的过程，有双勾带分水的，还有直接用分水的形式画的，画得很细致，很具体。彩绘技术上用软、硬两个很清楚、易掌握的"标水"，分水就是"软标水"，单线勾就是"硬标水"，用一支细线描笔和一支小"分水"笔配合来画，画面的轻重关系和纹样结构的宾主关系都处理得非常鲜明，几乎把景德镇的青花技术推到了最简便、快捷的程度上，与当时的习尚需要一拍即合，成为景德镇晚清出产量最大、销往全国最普及和各地竞相仿制的产品之一。确切地说，陈炉的兰花瓷就是从仿制景德镇的青花苜蓿花瓷开始的。

陈炉这个地方，因为氧化钴这种料在这边很珍贵，氧化钴很值钱，都是进口的，我们家当时就有买来的装氧化钴的桶子。陈炉的青花肯定是学习景德镇，用的是进口的料，那么这个氧化钴的料应该就是在清代中晚期以后才开始用的。截至目前我们没有见到过陈炉的青花瓷上面写着明代的或者清代早期的年号，一般写的都是民国或者清代晚期。所以我们讲，它肯定是学习景德镇，主要是从氧化钴的来源和这两个纹样上面分析的，因为"苜蓿花"和"渔樵耕读"都是首先是在景德镇出现的。但陈炉的兰花好在哪里呢？它很粗犷，很简练，很有北方的雄浑大气，这跟这个地方的民族性格有关。

其实陈炉刚开始学人家的时候，也是照猫画虎，甚至比南方人画得还细致具体。但是陈炉这个地方还是属于陕北，它的民风毕竟是粗犷的，生活简单化，比较辽阔、宽厚。为什么说它宽厚呢？你看这里人用的盘都是敞开的，很开阔，体量比较大，吃的面条都很宽，宽面条是这个民族性格宽厚的一个最好体现，

就是这样才吃着粗犷，吃着舒坦，陈炉人的生活很简单，就是一碗面条放点菜就完了。再加上陕西是种植苜蓿这种植物时间最长和面积最大的地区之一，这里的人对苜蓿的亲切感和认识程度都很深。把这些生活实践和民族性格引申到陶瓷里面去就是这样，去掉了南方民族的细巧繁丽，融进了北方地区的粗犷直率。

刘： 就是说陈炉是在清代中晚期才学习了景德镇的青花瓷，出现了兰花瓷，并且逐渐形成了自己的粗犷风格，那么在技法上，陈炉的兰花瓷有什么不同之处吗？

孟： 是的。景德镇人家用的是软标水，而陈炉用的是硬标水。为什么是硬标水呢？因为这个地方的氧化钴来得很不容易，你像人家景德镇总归离海岸线比较近，那时候进口肯定是从海上来的，再从景德镇带到这里那就比较难，就算从北京、从天津过来到内地也是比较困难，那么进口的东西肯定价格高，所以氧化钴这东西在陈炉就被看得很珍贵。我估计，这个没有多大的依据，我们只能从它当时绘的氧化钴的色彩薄厚这上面来估计，过去啊，它的添加物最少应该在80%以上，所以呈糊状，画出来没有锋。人家景德镇是软标水，含的氧化钴高啊，所以画青花线条就比较淡一点，能画出很细的线条，咱们这硬标水画不出细线。这种工艺的不同再加上当地这种宽厚、简单、粗犷的民族性格，就把景德镇的花纹变得粗犷了。现在用的青花料添加物更高，要到90%甚至95%，标水比以前还硬，而且这个钴也在变，过去的氧化钴色彩要沉着，画得还要细一点，那就说明标水比现在要软一点，今天呢，画得就更粗一点，更蓝一点，这是氧化钴的变化。胎釉也在变，过去用的釉药是老药，呈色效果不是很好，发一点灰青色，今天呢，就更蓝一些，更白一些。

你看"渔樵耕读"这个纹样的结构、构图，还有格局，都是学习景德镇的，就是有些地方变得简单了。这东西完全跟它的民族性格有关系，再结合当地的陶瓷原料和技术情况，就把学习别人的东西变成自己的东西了，这是我们陈炉镇真正的青花所表现出来的。相比较而言，我们如果纯粹从民间和艺术的角度去讲，我觉得还是陈炉的"苜蓿花"和"渔樵耕读"这两个纹样更好一点，因为它更概括，更具写意性，更粗放，更自然，装饰性更强，更大胆，能够做到雅俗共赏，是我们陈炉陶瓷学习人家技术最成功的典范。张仃先生对此都有很高的评价，老百姓也喜欢。

刘： 任何民间艺术都得要结合自身的情况形成自己的风格才能得到认可，一味地模仿别人肯定是不行的。孟老师，陈炉这个地方做陶瓷的历史也很久远了，这里的陶瓷行当应该也有自己的行业规范，也有自己的分工吧？

孟： 对。陈炉这里是按型制分业，按自然村分行，讲究"三行不乱"。所谓"三行"就是做大小碗、盘、碟、盏的"碗窑"；做缸、盆、罐、坛的"瓮窑"和做瓶、枕、盒、灯、罇及各种杂件的"黑窑"。这三行不能混，做碗的不能随便去做缸，做缸的不能说不做缸了去做碗，这叫做"三行不乱"，当然这个东西也

▶ 兰花渔樵耕读纹高把大老碗
高145毫米 直径265毫米（孟树锋 1990年作 曾在香港展出）

世代陶人 第四章 我家陈炉镇之瓷——陈炉镇做陶瓷的历史及现状

> 黑窑行里最主要的产品黑釉斗罐既可当作盛器也可作匣钵用，废弃后还可用来垒墙

不一定那么严格。三个窑行里面，一般来说，碗窑的手艺最差，黑窑的水平最高，其次是瓮窑。因为黑窑的人能做各种杂件，什么瓶啊、壶啊、罐啊、杯啊等等，还有像夜壶、烟枪头这类，它们的成型都很难，碗窑和瓮窑的活他都能做，但是碗窑的人一般来说就做不了瓮窑和黑窑的活。我们家所在的湾里村就是专门做黑窑的势力地盘，我们家就是做黑窑的活。黑窑里面最主要的一个产品叫做斗罐，也叫直罐，这个斗罐可以当做一个匣钵用，自己本身也是一个产品。

陈炉镇做陶瓷也有分工，但是不像景德镇分得那么细，天下做陶瓷属景德镇分工最细，细到不能再细的程度上了，那是最精细化的，所以景德镇做的东西也最细，比如画一朵花，你画一个杆，他点一个叶，花芯又是一个人画，画一朵花都要分工。而陈炉镇基本上是按照大工业化的要求来分，比如原料加工、拉坯、修坯、上釉、画坯、烧成，大概就这几种，甚至比如说修坯和上釉都是一个人干。做陶瓷就是三大工序：原料加工、成型、烧成，就是在这基础上再稍微细分一下。

另外，陈炉镇这边陶瓷行还有一些行规和一些规则的叫法。

这边陶瓷行业按照材料和投资来分：有一个"供主"，就是供应资金、生产设备等原材料的人；再一个是"作头",就是制作生产的人,一般是拉坯师傅,是工艺技术方面的权威者,这两个人合作。比如我是作头,我再找两三个人,叫做"工作",一个人帮助我修坯子,一个人打杂,这就是一个基本的生产单元,行话叫做"三溜"。它的分工是这样的:拉坯师傅是一个领导者,指挥者,他只管把坯子做出来;二把手就是修坯的人,有时候这个人也管上釉,连修坯带上釉;在这个生产单元里面,练泥、端坯子、拌釉子、干杂工、烧水等杂活全都是这个打杂的人负责。

刘:这有点像景德镇的烧、做两行分立,有"窑户"和"坯户"之分。那他们的利益分配是怎么样的呢?

孟:对,陈炉这边也是讲"窑户"和"瓷户"分立。

他们实行实物分配。装到窑里面的货,以中巷为界,供主和作头各分一半,不是给工钱,而是以瓷器来作为劳动报酬的。虽然说材料、窑炉这些设施都是供主提供的,但是他没有参与生产制作;作头虽然出了力,都是他做的,但他没有出原料,所以他们一人一半。供主就一个人嘛,这一半瓷器就归他一人;作头这边呢,他这一半还要分给他这个生产单元里的成员,修坯的和打杂的,他们再分。

刘:另外还有一个问题,我知道景德镇陶瓷行里面有个计量单位叫做"件",大小不同的陶瓷都按这个单位来换算,从而进行劳动报酬的利益分配。那陈炉这边的陶瓷在这方面,是不是也有一个自己的计量单位呢?

孟:对,这边也有这样一个专门的计量单位,叫做"折头",是本行业经济活动中运用最多、最重要、最公正、最服众的单位。我们做的陶瓷产品有大有小,有高有低,有胖有瘦,不能说偏向大的还是偏向小的,就得拿一个中间的件做一个标准件,这个标准件就是一件,看这一件抵多少,这就是折头。按几折头来核算,和景德镇的"件"是一个概念,只是各地叫法不同,这个标准是大家通用的,不管张家王家李家,都一样,以标准件为准,可以大小互折。比如说运输瓷器的时候,这个标准件是一个"三号缸",就是一个小缸,那么你一次运了一个大号缸,可得"六个折头",就是说一个大缸折六个小缸或者说六个小缸折一个大缸;我一次运了三百个五寸碟子,才得了"三个折头",就是一百个五寸碟子才抵一个小缸,一个小缸能折一百个五寸碟子。分配的时候,比如说三折头是一块钱,那三个小缸就是一块钱,而一个大缸就是两块钱,三百个五寸碟子才抵一块钱,就是这个意思。这是陈炉陶瓷文化里面最具特色的标志之一,也是外行人最难弄明白的。

刘:是啊,只有做这一行或者接触这一行时间久了,才能慢慢摸透这些行话。陈炉陶瓷的运销情况是怎么样的?主要销往哪些地方?

世代陶人

第四章 我家陈炉镇之瓷——陈炉镇做陶瓷的历史及现状

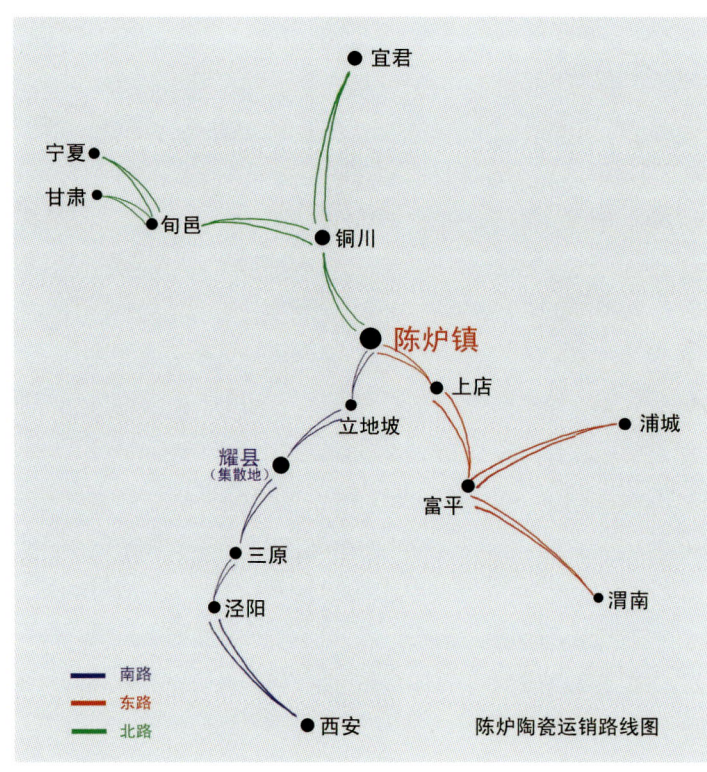

▶ 陈炉陶瓷运销路线图（作者绘）

孟：这个地方有专门贩卖瓷器的，当地把这些人叫做"贩户"，贩户就是商人。贩户跟卖主商量好价钱之后，就雇来"脚户"，脚户赶着骡子，专门驮生意，也叫"驮帮"。他们把瓷器运到贩户指定的地方，也有的脚户是自己买瓷器自己运，但多半的情况是贩户雇脚户。当时的运费结算以运距来定"折头"，以付货物的方式当即结付运费，运输的途中如果有损坏，就由脚户自己负责。

陈炉瓷器的销售去向大概有三条路线：南路、东路和北路。南路是从陈炉镇西南面出发，经过立地坡到安村出铜川县界，然后经耀县的孙家塬进入耀县城内，以耀县城作为一个集散地，远一些的由耀县南面往三原、泾阳和西安等县市。运距要按照脚户的运输工具，一般都是骡子，按照驮的重量、赶脚的行程来衡量，牲口要吃料，天黑了要休息，所以更远的行程脚户也不太愿意去，或者是到了西安再往下贩，像驿站似的，或者改走水路运，那是另外一回事；东路就是从陈炉经上店村下山，进入到富平县境内各集镇，或者再往东到蒲城、渭南这些地方，或者再远一点到华县这些地方，这是东线；北路是由铜川出金锁关上宜君，还有往旬邑、甘肃、宁夏那边去的，大概主要就这三条路线。

这也是我们根据从什么地方发现了这边的什么东西判断出来的。贩户有铜川周围县市或者外省的人，山西人挺多；脚户多是耀县和富平县人。北边都是赶脚的人，所以北路走得少一点，南路最多，东路次之。所以铜川以前有"耀州城里买大碗"的民谚，就是说陈炉做瓷器但不卖，都是在耀州城里卖，陈炉只是一个产地，耀州是一个商品集散地。

"窑户"、"瓷户"、"贩户"、"脚户"，就是陈炉所谓的"四户分立"，是陈炉陶瓷行业的一个生产经营体系。

刘：跟很多陶瓷产地一样，陈炉也有窑神庙，有自己的行业信仰。那陈炉瓷行供奉的窑神是谁？当地流传的"栓窑神"的传说是怎么来的？

孟：陈炉的窑神庙就在我家旁边，我们小时候就是在窑神庙里玩大的。这个窑神庙的方位非常好，在

082

> 陈炉镇窑神庙遗址

镇子的中央位置，面朝南，戏楼子朝北，正对着窑神庙，1968年"文化大革命"的时候被拆掉了，现在唯一可以作证的是一块碑子的底座。陶瓷厂的展览厅里面有一块窑神庙的匾额，上面是"地不爱宝"四个大字，就是说，大地啊是母亲，她什么东西都不喜欢，把好东西都给了世人。窑神庙大门口有两个前楹，两边两个祠堂，东边供的是土神和山神，西边供的是牛、马二王，这叫做"四圣祠"。供山神和土神是因为做陶瓷要取土于山，供牛、马二王是因为驮料、耙泥、运输都需要牲畜。庙里面供奉的是陈炉镇的三位窑神：正中主神是虞舜，就是源于《墨子·尚贤下》中"昔者，舜耕于历山，陶于河濒"的记载；东边是太上老君，炼丹司火；西边是雷公，雷公造碗，这个雷公是白水县大雷村人，叫雷祥。

> 石碑的底座

"拴窑神"是陈炉镇当地的一个传说。说窑神舜曾化作一条白色大蟒蛇游出了窑神庙，后来被看庙人看到了，就赶紧抱住捧回来放到原位，后来怕窑神再跑，就在舜屁股后面栓了一条铁链，防止神再跑掉。这只是个传说，做陶瓷的人嘛，不能说不喜欢自己的事业，你喜欢也要喜欢，不喜欢也要喜欢，从经济的角度讲，你生在这个地方，这个地方按照当时的社会条件，做陶瓷比其他行业还稍微强一点，还能够养家糊口，还可能出人头地，其他行业的经济回报率和收入可能还不如陶瓷这个行业，那就是说我们要以陶业谋生，养家糊口，所以就要留住我们的神嘛，要是神走了，不保佑我们这个地方了，我们还怎么做陶瓷，还怎么来养家糊口？

> 窑神庙里的匾额

刘：陈炉供奉的窑神和黄堡镇供奉的德应侯还不是一回事呢！

孟：对，在陈炉还没有发现祭祀德应侯的证据。黄堡镇供的是德应侯，陈炉镇是虞舜，立地坡又是另一位窑神，这三个地方相

083

距也就十几里地，窑神却不一样。

　　陈炉的窑神庙，历史应该算是比较长的，在我们国内窑神庙中的地位也是很高的，它里面好多记载陶瓷历史的碑子，在国内的窑神庙还是比较少见的。上世纪50年代末60年代初，冯先铭先生来这里考察，把碑文拓了两份，一份在故宫博物院，一份在陕西历史博物馆。但是这里面存在着一个非常大的误差，冯先生也没有太弄清楚黄堡镇和陈炉窑的关系，包括后来来的人，根本没有弄清楚耀州窑和陈炉窑，把这两者混在一块儿来说。黄堡镇尊的是德应侯，那是皇上册封过的，而陈炉窑尊的是虞舜、太上老君和雷祥，所以他们尊的神位体系完全是两码事，而且在陈炉镇的所有碑文里面没有半点关于德应侯的记载。

刘：陈炉镇是否也有祭窑神的风俗？有什么仪式吗？

　　孟：也有。陈炉镇一年分春秋两次祭祀窑神：春季是正月二十，说的是窑神爷过生日，就要唱大戏，它实际上也跟农耕文化一样，大家过完年了，吃吃喝喝，天也不冷了，也休息够了，开始干活了，把窑神一敬，跟窑神说一下，我们开始干活了；秋季就是到八月十五的时候，称为"窑神爷会师"，大家辛苦了大半年了，需要在一起交流一下，热闹一下，一年过了大半时间了，把窑神敬一下，也通过这个时候搞搞贸易、做做宣传。祭拜的时候有一个过程，由社头主持这个仪式，大家把窑神拜一下，烧上香，上上供，接下来就是唱大戏。实际上，这个祭窑神已经成了做陶的人在行业内部的一个促进贸易、联络感情、扩大宣传的活动，就有点像现在这个文化搭台、经济唱戏的意思。

编者注

　　一路上，我们走访了几位乡邻，在他们的家里，或多或少都还在使用孟老师当年在陶瓷厂任厂长时设计开发的出口瓷系列餐具，像九福碗、百鱼碗、菊花餐具等，在灰白色调的窑洞里，这些碗碟倒是增添了不少色彩，简单中透出生活的情趣。九福碗的外壁有八个福字，碗心有一个福字，九个福，象征永久幸福的意思。

≫ 陈炉人家里普遍使用的兰花花坛

≫ 厨灶一角

> 陈炉民间仍在使用的具有正宗元代风格的铁锈花脸盆

> 写意洗练的画风

> 孟树锋当年设计的菊花餐具中的大盘

> 碗内壁被辐射出的隐隐约约的兰色

> 酱釉瓷枕

> 香色釉瓷枕

> 兰花瓷枕

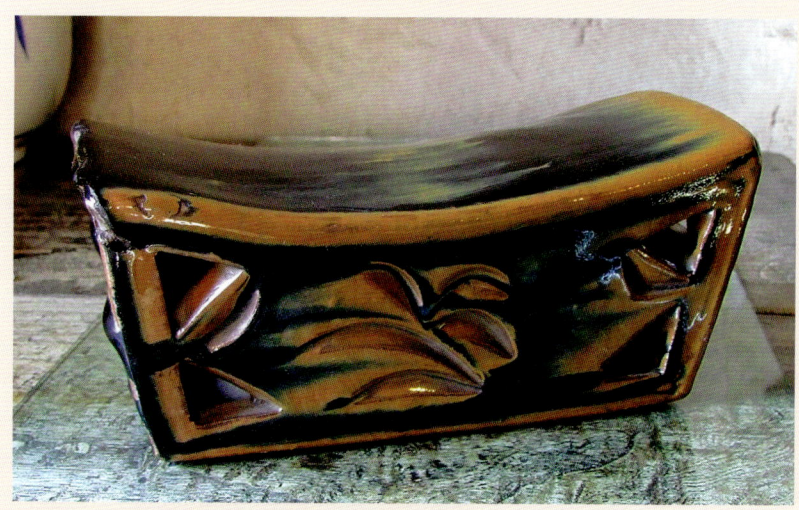
> 瓷枕棱角处显现出来的灯草边

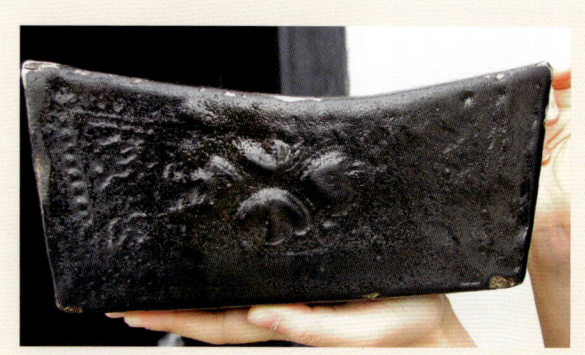
> 黑釉瓷枕

> 赵淑莉做的瓷枕

我发现在不少兰花碗盘内壁的白釉上，映衬着一些或深或淡的蓝色，像是从外壁兰花透过来的颜色。孟老师解释说，这不是外壁透过来的，准确来讲这叫做辐射，因为这些碗盘是叠烧而成的，放在里面的碗外壁上的氧化钴，也就是画在上面的兰花，在高温的时候要产生晶体放射，所以就辐射到外面碗的内壁上，产生这种若有若无的蓝色，看上去好像是从外壁透过来的。

瓷枕也是陈炉人家里必不可少的一件家什，或兰花，或黑釉，或酱釉，或香色釉，少则一件，多则三四件。其中有一件香色釉的瓷枕年头比较早，应该是清代中期的，上面有印花，是戳印上去的，瓷枕上有些地方的釉子都被磨掉了，胎都露了出来，可见用的年头之久。香色釉，这种釉色呈淡赭石色，比赭石又偏黄一些，孟老师解释说，这种釉就是把黑釉和白釉掺合一下烧出来的颜色。有些瓷枕的棱角处还出现了"灯草边"，所谓灯草边，就是在高位的地方本身挂釉挂得少，泥料里面含铁量比较高，往出冒，釉薄地儿就冒出来，往出冒的时候泥料里面的铁质和釉料里面的铁质在这个地方结合就闪红，形若灯草。

巧的是，我们在一户老人家的窑洞里，发现了一件瓷枕头，瓷枕两侧分别刻着"淑莉"和"学工留念 76.7.1"的字样，孟老师一下就记了起来。原来，淑丽是这位老人的三女儿，这件枕头正是她当年在孟老师任教的那所子弟小学隔壁的中学的校办工厂里做的。后来，在孟老师的提议下，我们从陈炉回到铜川，特意找到现在在铜川工作的赵淑莉，给她，也就是30年前这件瓷枕的创作者，拍了一张照片留作纪念。

另外，当地还有一种普遍使用的兰花器物叫做花坛，一般用在厨房盛放米面之类，上面经常倒扣着一个浅底的黑釉笼盆

> 赵淑莉

世代陶人 第四章 我家陈炉镇之瓷——陈炉镇做陶瓷的历史及现状

> 花坛上面扣着黑釉笼盆

> 孟树锋姑父张景堂及姑姑（2006年8月摄）

> 张景堂家中厨灶一角

当作盖子，一排排整齐地搁置在厨房案板上，煞是好看。

我们沿途拜访了孟老师的姑父、陈炉镇的陶瓷老艺人——张景堂。这位老人已经年过九旬，我们2006年8月份去看望他的时候，老人家的身体看上去还很硬朗，可是就在我最近一次（2007年11月）再去的时候，老人已经卧病在床了。他的本行是碗窑行，但是也能做一点瓮窑的活，因为他是在瓮窑行的舅家学的手艺，是由瓮窑入手做碗窑的，所以也能做点缸、罐之类的器物。

▷ 大姐夫生前做活用过的工具——规矩瓷枕形状的模板

▷ 孟树锋拿着大姐夫生前做陶瓷的工具询问大姐孟竹莲，右边为孟老师的爱人崔老师

我们还走访了孟老师的大姐孟竹莲的家里。孟老师的大姐夫任智魁是个做活的好手，2003年，艺术研究院的方李莉老师曾经采访过他，没想到采访之后第四天，这位老艺人便因病去世了。任智魁的子扣活做得也相当好，属于黑窑的东西。老人去世后，家里被盗过几次，老人生前做的东西基本都被偷走了。

湾里村是孟老师家所在的地方，这里还有他当年住的老窑洞和老作坊，看得出这个家相当贫寒、破旧。孟老师对这儿的东西都很熟悉，甚至可以说出看到的任意一件瓷器的制作者的名字。孟老师说湾里村是陈炉镇生产陶瓷历史比较长、水平最高的地方，特别是铁锈花，是陈炉镇铁锈花水平最高的地方。如果要是在这里开探方的话，这下面应该会有些东西。

路上，孟老师因捡到一块很小的青瓷片而兴奋异常，原来这是20多年来他在这里捡到的第五块青瓷片，他说这对于证明这个地方曾经烧过青瓷提供了非常可信的证据。

≫ 贫寒、破旧的孟家祖房

本章总结

"天下做陶瓷景德镇分工最细",清人蓝浦、郑廷桂所著《景德镇陶录》中记载:景德镇陶务是以"陶有窑"、"窑有户"、"户有工"、"工有作"、"作有家"、"陶所资各户"为分工体系。光是"户有工"这一行就细分为陶泥工、拉坯工、印坯工、镟坯工、画坯工、上釉工、抬坯工等十八个工种,这样的精细分工,看似复杂实际却很明确。由于分工不同,工匠们必须各专一门,并终身为之,时间愈久,技艺愈加娴熟,这无疑对景德镇瓷业发展产生促进作用。因此,景德镇的瓷器可以做到天下最细。但是,对于陈炉这样一个规模不太大的北方民间窑场来说,这样精细的分工是不切实际、也是不适用的。在这块土地上,有它自己的审美习惯和生活习性,质朴敦厚才是它的本色,因此,粗线条的分工就可以适应这里的陶瓷生产。与景德镇相同的是,这里也是烧作两行分立——提供生产资料的窑户和提供劳动力的瓷户,器成后,这两行实行合理的实物分配,并将产品统一卖给贩户销售,再由贩户雇来脚户运货,从而完成整个生产销售过程。

在我国各地陶场大都设有窑神庙,所尊奉的窑神却不相同,如景德镇有风火神童宾,德化有窑坊公林炳,河南密县奉大诗人白居易为窑神(当地碑记上记载白居易在河南作官时教当地人烧瓷),黄堡镇耀州窑供奉的是皇上册封的德应侯(土神和山神),而陈炉窑神庙供奉的主神却是历史更为悠久而崇高的虞舜。"创自周至五年,嗣正观二年、绍兴四年社人重修之"的陈炉窑神庙,虽"周至"年号尚不可考,但由绍兴(南宋高宗赵构皇帝年号)四年即公元1134年便可推断,陈炉窑神庙最迟在北宋年间即已具有规模,后代又经数次重修,必定具有一定的阵势,也足以想见当年陈炉瓷业的兴盛和窑神信仰的深入人心。每年两次祭窑神的活动即"春秋报赛",不是一种简单的迷信活动,而且还兼有窑工们交流技术、交流感情、文化娱乐、贸易往来的功能,它是窑工们精神上的寄托,也是他们娱人娱己的一种方式。

注释

[1] 这里指的是狭义的耀州窑,单指黄堡镇窑场。
[2] 据明万历志载:"其山自麓至巅皆为陶场。土人燃火炼器,弥夜皆明。每值春夜,远眺之,荧荧然一鳌山灯也。"民国时的《同官县志》也有记载:陶场南北三里,东西绵延五里,炉火杂陈,彻夜明朗,故有"炉山不夜"之称,为"同官八景"之一。
[3] 朱元璋封次子朱樉为秦王,并在西安营建秦王府,修建秦王府需要大量上乘的琉璃建材,于是皇帝下诏于立地坡建立"秦王府琉璃厂",而立地坡就是归陈炉镇管辖。

第五章

土与火的交融

—— 陈炉镇的窑炉文化和制瓷技艺

MENG SHUFENG ON THE RUINS
An Oral History of the Chinese Pottery Art in Yaozhou

本章综述 上篇

采访地点：陈炉镇
受 访 人：孟树锋（简称孟）
采 访 人：刘莹（简称刘）

"土是有生之母，陶为人所化生，陶人与土配成双，天地阴阳酝酿。水火木金协调，宫商角徵交响，汇成陶海叹汪洋，真是森罗万象。"郭沫若的这首《西江月·颂陶》，形象地赞颂了陶瓷与土、与火、与天地阴阳的交融。从原料的开采、加工，到最终一件完美瓷器的诞生，这其中要经历若干道工序才能实现。陶瓷是土与火的艺术，而窑炉正是完成这一砺练过程的载体，因此，窑炉文化是陈炉陶瓷文化中最关键的组成部分。

本章的上篇即是通过孟老师的口述，介绍陈炉最具特色、也是北方最为典型的马蹄窑窑炉体系的历史发展、内外部结构、窑炉性质、与南方龙窑之不同的特点以及由此所衍生出来的窑背文化。此外，匣钵是一般瓷区所特有的产物，在我国漫长的制瓷历史中，它担当了极为重要的角色，从隋代开始启用，直到上世纪60年代，由于窑炉技术的改进，才逐渐退出了历史舞台，而在陈炉，历经几个朝代的累积，更是形成了"罐罐垒墙墙不倒"这种难得一见的瓷镇景观；耙泥是孟老师谈到儿时记忆时经常提到的一个词汇，这是北方做陶瓷制备原料的一个重要环节，也是宋代耀州窑练泥的方法——水耙法，通过在澄城县的实地考察和孟老师的讲述，让我们来逐一了解水耙法的工作原理和操作方法。

本章的下篇则试图挖掘耀州窑制瓷技艺当中流传下来的经验性的口诀或规律性的东西。由于宋代耀州窑离我们太过久远，而元代兴盛起来的陈炉窑风格又与之相去甚远，因此，我们不可能获得太多的有关宋代耀州青瓷的技艺口诀，但我们可以通过孟老师对陈炉地区制瓷行当里现有的一些口诀或者说是约定俗成的一些做法的讲述，比如制备泥料和釉料的方法、成型的方法以及烧窑过程中装窑的方法、火兆的种类和应用等，作为了解宋代耀州窑制瓷技艺中一些基本要领和步骤的合理依据。

编者注

陈炉有一个奇特的景观,就是窑洞依山而筑,自下而上,层层叠叠,往往下面人家的窑背就是上面人家的院落,在这里经常可以看到下面人家站在院子里和上面的邻居拉家常。更奇特的是,镇上家家户户的院墙和隔墙都是用废弃了的筒状匣钵或者是烧制后报废了的盆、瓮垒砌而成,这种在其他地方尚不多见的壮美的瓷镇景观被外地人统称为"罐罐垒墙"。匣钵一般在使用几次后就会变形、破裂而不能再用,烧残的瓮盆也无法用来盛水或储粮,这些都是窑场上的废弃物,用它们来垒墙,一方面是废物利用,另一方面则是因为陈炉这里的窑洞都是用自己烧制的红砖来箍砌的,这种红砖窑洞承压强度有限,窑背上不宜承压坚实的院墙,陈炉人又都是层叠而居,这样,这些窑场上废弃的匣钵和陶瓷残品就被派上了用场,形成瓷镇一道独特的风景。

▶ 陈炉人家

▶ 独特的瓷镇景观——罐罐垒墙墙不倒

▶ 斗罐和匣钵组合垒砌垒的院墙

▶ 陈炉小景

刘：匣钵是在什么时候开始出现的？

孟：匣钵在陶瓷上的启用年代是在隋代，它在陶瓷行业中是一个革命性的产物，它为保证烧成质量、增大装烧空间、提高陶瓷产量以及增加利润创造了一个得天独厚的条件，但是同时带来的是能源的大量浪费。世界陶瓷界截止到上世纪的60年代，大家还在匣钵的周转次数上面做文章，所以可见，这么一个匣钵，从隋代一直到上世纪60年代，对陶瓷产生了多么大的影响！那为什么到60年代不用了呢？是因为窑炉技术、燃料技术以及烧成技术的发展，改为裸烧以后，匣钵才退出历史舞台。匣钵的材料也是陶土，但是是陶土里面稍微硬一点的，再变相一点讲就是耐火土，它的温度要高一点，并且大一点的匣钵，原料里面还必须要加入砂来增加它的强度。

刘：耐火土在陶瓷上是个什么概念？您说的砂是指什么？

孟：实际上，陈炉这个地方，它所储藏的粘土原料多半是耐火粘土，耐火粘土和陶瓷粘土的分界在1350℃到1400℃，这个就叫物质的熔点。熔点在这个度以上的就叫耐火粘土，在这个度以下的就是陶土，实际上，整个铜川的陶土的藏量大概有不到一亿吨，多数是耐火粘土，陶土比较少，所以这个地方做耐火砖倒是有条件。1958年大炼钢铁的时候，陶瓷厂刚刚成立，就改成东风耐火材料厂，那会儿不是什么"东风压倒西风"嘛，就不叫陶瓷厂了，适应形势，生产耐火砖，手工打的。当时有一份订单，订货的人把钱都给我们交了，没成想大炼钢铁很快就过去了，订货的人给了我们钱也不要货了，我们砖都打好了，没处用，最后就用来盖房子了，你说全国到哪儿去找耐火砖盖的房子呀，这个造价太昂贵了！不过好笑的是，它这个墙体是耐火砖砌的，房梁却还是木头的，这到底是耐火还是不耐火啊（笑）！这也是个挺有趣的事，所以这个历史啊，有时候也是很有意思的。

我们做陶瓷常说的料有"生料"和"熟料"之分，从山上挖下来的粘土叫做"生料"，把它煅烧一下，就叫做"熟料"，实际上是低温煅烧，1000度以下，煅烧一下是为了使它的强度更加提高。比如骨灰瓷，要把骨头先煅烧一下，滑石瓷要把滑石先煅烧一下，都是低温煅烧。熟料在陶瓷上用得比较少，用得更多的是耐火材料。我刚才说匣钵里面必须要加砂来增加承重，这种砂有可能就是这种熟料，也有可能不是。这怎么说呢，本身从山上采生料的时候，凭长期的经验能分出

≫ 生料中的砂

哪个地方的料软,哪个地方的料硬,比较硬的料叫做砂。匣钵里面有砂这是绝对的事情,我们从匣钵的断层里面明显看出有砂的成分,但是这个砂究竟是烧的熟料呢,还是硬一点的生料?这个问题还没有一个明确的答案。照我的观点看来,应该是后者的可能性比较大,因为宋代的时候,人们可能还没有发现把生料低温煅烧一下变成熟料,能增加承重,再说这也费事,浪费原料和燃料。

这种砂除了直接加到匣钵的原料里,还有一个用处,就是把它粉碎得再细一点,小米大小,烧窑的时候,把它撒到匣钵底下,再把坯子放上去,相当于一个隔离层,万一有流釉的情况,瓷器就不会粘到匣钵上了。另外,烧窑的时候,包括北方的马蹄窑和南方的龙窑,窑底上都要铺一层砂,铺的就是这东西。每一次装窑的时候,把砂子刨刨平,匣钵就放得稳当一点,一窑烧出来,就全变成白的了,很自然地就成熟料了!

> 手拉坯成型的匣钵

刘:匣钵是单独在窑里烧成的吗?

孟:不是。匣钵和瓷器一块烧,满窑的时候有一个要求,在下面基础部分都必须要用熟的匣钵,到高层的时候才开始用坯子的匣钵,一窑出来,生坯的匣钵就烧成熟的了,下回它就放在下面,上面再放生的,这样来回倒。因为下面承重大,如果用生坯的匣钵,它没经过煅烧,承重小,就会发生倒坯的情况,所以只能放在上层,并且里面套装的瓷器也不能过多。

刚才你看到的罐罐墙,实际上有两种匣钵,一种是手拉坯的,上面有手拉的痕迹;一种是机器刮出来的,上面也有纹路。

刘:这种匣钵您叫做筒状匣钵,也就是叠烧匣钵,它一次大概可以装多少件器皿呢?

孟:像咱们刚才看到的这种大小的匣钵套装碗的话,一盒里面基本上装16个碗,上面再带一个钵。筒状匣钵只适用于烧制粗瓷,烧碗基本上都用它,陈炉镇今天之所以能够形成罐罐垒墙的景观,主要还是这些废旧的匣钵,再烧用不成了,扔掉的话又可惜,这

> 机刮成型的匣钵

东西又结实，放在外边又不用再给它涂抹颜色，又耐冷耐寒，装点土垒墙又挺好看的。还有一种匣钵，叫做单烧匣钵，也就是M型或者漏斗型匣钵，这是考古学上的叫法，单烧匣钵的剖面就是一个大写字母M的形状，单烧匣钵一次只能装一件瓷器，用来烧精品陶瓷。破损了的单烧匣钵我们叫做"笼帮"，陈炉有好些小巷道都是用笼帮和碎瓷瓦片铺垫成的。

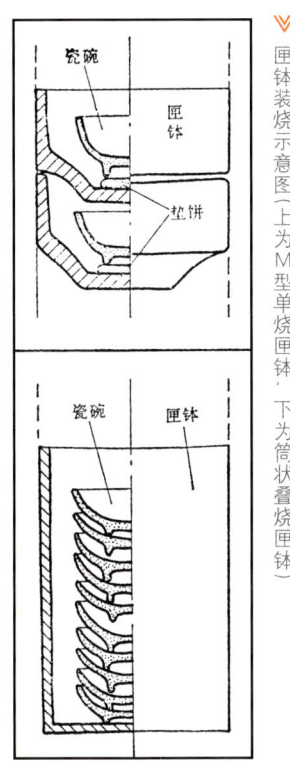
匣钵装烧示意图（上为M型单烧匣钵，下为筒状叠烧匣钵）

> 漏斗型匣钵即单烧匣钵（黄堡窑址发掘出土）

> 漏斗型匣钵

> 笼帮铺路局部

> 单烧匣钵破损后的笼帮用来铺路

世代陶人 第五章 土与火的交融——陈炉镇的窑炉文化和制瓷技艺

>陈炉镇上的马蹄窑

刘：我们常形容陶瓷艺术是土与火的艺术，所有的陶瓷产品最终要经过火的砺练才能发生质的改变，成为一件生活的实用品或者艺术品。所以，说起陶瓷，我们不能不谈窑炉，正是在这里面它才完成了土与火的交融，也就是陶瓷的烧成阶段。那么，陈炉的这些大马蹄窑，它们的历史发展情况以及它们的内外部结构是怎么样的呢？

孟：这个窑炉啊，研究历史也好，研究文化也好，或者说研究陶瓷也好，这种窑炉都值得大书特书一笔。北方整个窑炉系统就是叫做马蹄窑，这是考古学站在多少年以后俯视的角度上把它叫做马蹄窑，像是一个马蹄的形状，而工艺学站在现代正视的角度上叫做馒头窑，像平地上鼓起的一个大包。所以学科不一样，时空观念不一样，角度也不一样，一个是俯视，一个是正视。

马蹄窑从下往上有三层结构：最下面一层是灰道，也是通风道，因为它的燃料源是煤，会产生大量的灰渣，这里就是出灰和通风的地方，这是基础部分；中间一层是窑体，也包括燃烧室（火膛）、窑床、烟道三个部分；最上面一层是窑背和烟囱。整个窑炉沿坡而上，依山筑阁，实际上跟南方的龙窑依据的道理是一样的，龙窑是一个长形的，从窑头到窑尾也是三部分构成：火膛、窑床和烟道。所以说中国的好多典故都是三，比如三国演义，陕西有三秦，山西有三晋，都是三，有时候这个三还是有点意思的，好像成为了许多国人根系里面一个规则性的东西存在。

馒头窑的起源应该是在仰韶时期，起源于仰韶文化的竖穴窑，到汉代逐步达成馒头窑的形式。宋代时候，这种馒头窑发展到了最完善的程度，因为这种燃烧形式在这个时期，它的正面和负面几乎达到平衡，就是说它的优点和缺点达到了平衡。那么到了元代，战争使得社会的必需品减

>马蹄窑分为三层结构，这口窑是私人建的烧砖的窑

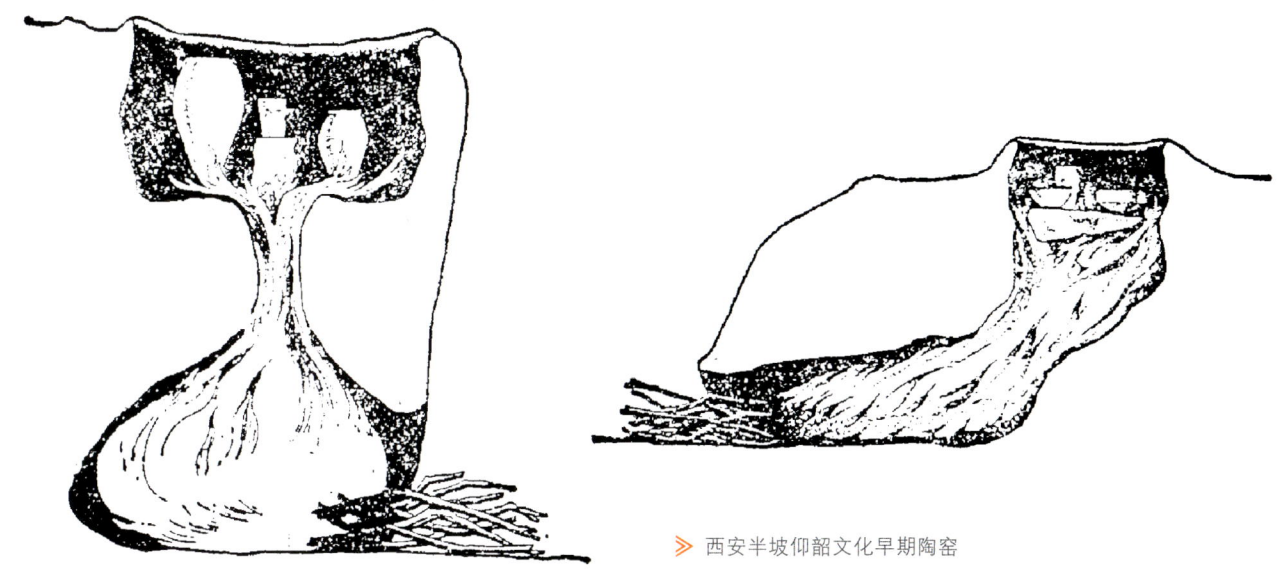

> 西安半坡仰韶文化早期陶窑

少之后，陶瓷产品的需求量大量增加，当时的人就对这种窑炉做了盲目的改造。必须加上"盲目"两个字，为什么是盲目呢？这种窑炉从仰韶时期一直发展到宋代才达到最科学最完善的程度上，那是经过了多少代的集体智慧才达到这个程度，而到了元代的时候，在你还未对它的真正价值和它的技术以及科学性有正确认识的情况下，就为了迎合市场，猛然对它进行盲目的扩大，盲目扩大带来的是什么结果呢？那就是它的毛病变大，而它的优点下降了，就是缺点大于优点了。再到了解放的时候，更加盲目，那简直是狂热化的扩大，这些盲目的改造都是建立在我们对科学、对陶瓷、对这种窑炉的历史、对它的功能以及对它真正的科学性没有研究的情况下进行的。我们为什么会推崇宋代的瓷器？就是因为它们是在具备这样完美的科学性的窑炉里面烧成的，我们讲炉火纯青，这就是宋代的炉火纯青，是烧窑技术和经验达到了炉火纯青。

刘：这里集中了这么多大的马蹄窑，是老的还是后来建的？一共是多少座啊？看上去好像都已经废弃了，那是在什么时候停烧的呢？

孟：这些大马蹄窑基本都是新建的，有60年代、70年代和80年代的，一共31口窑，最后停烧是在2003年。各个村落基本上是在"文化大革命"前后这段时间停烧的，因为是陆续合并的，有些村落合并得晚，到"文化大革命"以后，村落里就都没有了。这些马蹄窑就是狂热扩大后的产物，最后一窑烧出来就是一万多件瓷器，宋代的窑炉应该只有它的十分之一。黄堡镇出土的宋代耀州窑窑炉，按照窑底的宽度和长度来想象，再结合马蹄窑的结构来想象，宋代的窑炉不可能超过三米高，最多也就是两米五左右，当时一窑也就是900件左右，不到1000件，这个时候的马蹄窑，它的燃烧室的大小和窑床的大小，它的高低、深浅、宽窄，它的结构，都才是最合理的。

这里就等于是厂区，是后来合成陈炉陶瓷厂以后，把原来各个村的瓷窑都集中到这里来了，这些窑炉

世代陶人 第五章 土与火的交融——陈炉镇的窑炉文化和制瓷技艺

都有编号，第一批合厂的时候一共是8口窑炉，后来又建了好多，一共是21口窑。现在看起来真是满目荒凉啊！确实有一点沧桑感，当年这个镇子那真是人声鼎沸啊！我以前有个同学，他当年在石马山驻队，那里是陈炉镇海拔最高的地方，是最边远最穷的队，他家就在这边上住，他一个星期回来一次，每次走到山梁那个地方，一转过来，首先听到"嗡"的一声，他从那个非常寂静的山沟里边，一下到了一个非常热闹的地方，就是我们的厂区。现在刻着"美在陈炉"的那个地方以前是一个篮球场，那会儿青年工人几乎每天都打篮球，各个厂进行比赛，过年的时候耍狮子、跑旱船、舞龙灯、唱大戏，这个地方当年是非常热闹的。当时年产1500万件，工人大概得有3000人，我们这还有三个煤矿，那时候经济效益好。

> 以前的厂区里的大马蹄窑

可是你再看现在，多么荒凉啊！有些窑的窑背都已经塌了，变形了，不能再用了，如果再用会发生危险，因为现在这些窑都冷了，受热之后要膨胀，冷了之后要收缩，窑背就会塌掉。你看这些窑背上面都长草了，这在过去简直是件不可思议的事，是绝对没有的事。因为烧窑之后窑背上发热，就把土里面胶原状的一些微生物都烧没了，所以窑背上面是不可能长草的。但是现在它就长了，所以啊，时间能改变一切，你由这个草的深浅，这上面都长青苔了，就可以想象这口窑停废的时间有多长。

> 用兰花瓷盘堆砌出的"美在陈炉"四个大字，这里曾经是陶瓷厂职工们运动的篮球场

当年建这口窑的时候，要往这担砖嘛，这箍窑的砖是从其他地方担到这来的，我们都是担过砖的人。那时候我还小，在这儿受过别人欺负，

> 塌陷了的窑背及下印窗

> 长满了野草的马蹄窑窑背

我一次担三块砖,一头两个,一头一个,那个扁担挑子一边离得近一边离得远,人家都是一担一高撂。我当时也想:我再回去担的时候,我这三块砖会不会被人拿走呢?我就在砖上面特意用瓷瓦片作了个记号,等我回来的时候,这三块砖果然不见了,后来我就找,找到了,是离我们家距离不远的一个人,他把我的三块砖拿走了,我问他要,结果他就打我。现在想起来,那时候很有趣(笑)。当时就是为了建这个窑,那是60年代初期,要把各个地方的作坊都合到这儿来,把那边的砖头拆下来担到这儿来。我们是亲眼看到它建起来,兴旺起来,又亲眼看到它衰落下去,我们是见证人,这种事情来得太快!

刘: 我看到那边有一根很高的烟囱,它也

> 曾经热闹非凡的厂区如今一派荒凉

> 高高耸起的大烟囱

是窑炉上的吗?那边还有一个窑,像个蒙古包似的,跟这边这些窑不太一样,那是什么窑?

孟: 这个高烟囱本来是想建隧道窑的,没有建起来,我们给配了两个圆窑,就是那个像蒙古包似的窑,它是倒焰窑,都是我们当年亲手建起来的。这种窑炉在西方应该是上世纪20年代就有了,中国用的窑炉体系基本就

第五章 土与火的交融——陈炉镇的窑炉文化和制瓷技艺

> 全倒焰的圆窑

是北方馒头窑，南方龙窑，像这种圆窑的引进应该是在上世纪40年代或50年代，它属于全倒焰窑，馒头窑属于半倒焰。

刘：古陶瓷窑炉是由直焰式发展到半倒焰式和平焰式，由不能控制空气量到能靠竖烟道或坡度来控制空气量，这是一大飞跃。您给我们解释一下直焰、全倒焰、半倒焰和平焰这几个概念。

孟：直焰式窑炉是烧陶器的，半倒焰和平焰式窑炉是烧瓷器的。所谓直焰，就是火焰按照流体力学原理，自窑底上升，然后由窑顶排出，纯粹的直焰窑可能还没有的，若是有，那就是半坡时期的竖穴窑、横穴窑，火焰一路直接升腾上去。一般北方的窑炉结构都是像马蹄窑这样的，属于半倒焰式，龙窑属于平焰式，德化的阶梯窑和景德镇的镇窑是把平焰和半倒焰结合起来的窑炉。

这种马蹄窑，从窑床到窑底，有一个七八度到十五度左右的斜坡，前高后低，燃烧室比较低，窑床高一点。我们这个地方的土语把燃烧室叫做"哨"，烧窑之前先要"刨哨"，就是把装窑工人留在哨里面的破匣钵、破瓷器等杂物拾净，再在哨中间用麦草、硬柴和易燃的好块煤垒起来，把哨刨了以后，发火的地方距离火台是60公分左右，上面在火焰最前边还要用瓷瓦片挡住火台口每柱间的空隙，挡得很高，挡完之后用泥巴一糊，加上下面的60公分，就差不多有80公分，将近一米，实际上就是一个"挡火墙"，或者叫"逼火墙"，我们这儿的行话叫"烂面"，就是最前沿阵地，离火焰最近的地方。为什么说是半倒焰性质呢？火台和逼火墙逼得非要把火仰起来，但是吸烟孔在下面，在近窑底照壁的下方，火焰就得下来。按照流体力学，火焰升腾要留开一定的地方，叫做火路，给火要留开路子，火焰下来，到鼻孔（吸烟孔）那里被吸进去，再从

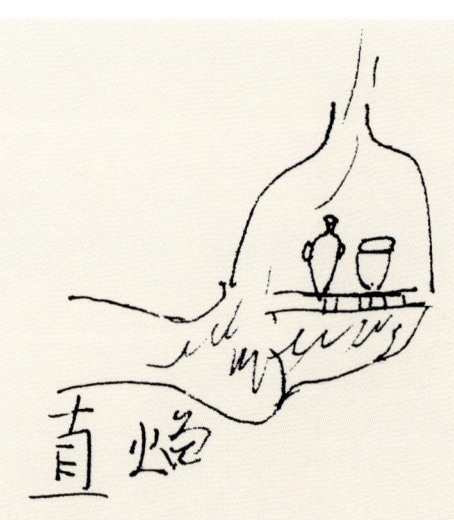

> 直焰流向示意图（孟树锋手绘）

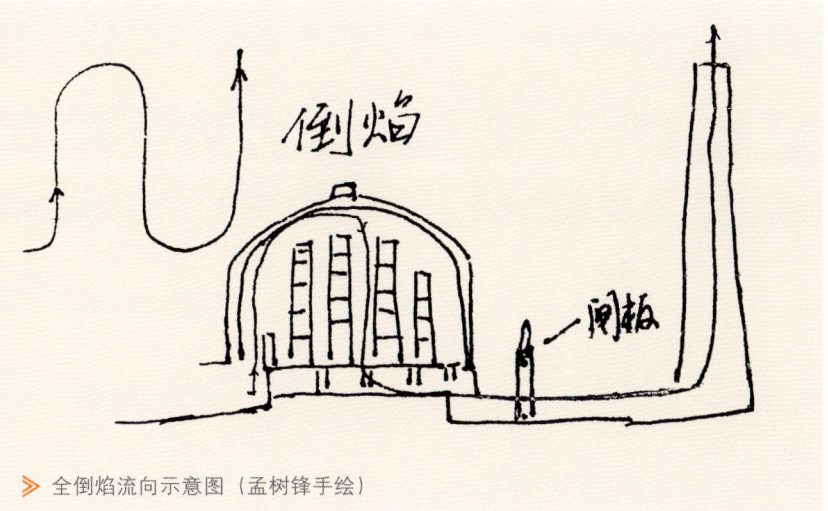
> 全倒焰流向示意图（孟树锋手绘）

烟囱升上去，所以它是半倒焰性质。而全倒焰就是火焰升腾上来再下去，火焰自窑顶全部倒向窑底，这种像蒙古包似的圆窑就属于这种形式。

过去这种窑炉很难控制。原因在哪里呢？你是烧窑的，我是装窑的，我想给你使坏，你这窑就别想烧好了！半倒焰有伸缩性，这一窑要烧的东西的性质和你想要烧成什么样子，包括装窑师傅、烧窑师傅的技术水平，根据这些情况，有时候挡火墙可高可低，火焰被挡火墙逼得一下仰到窑顶之后再下来，挡得高它就仰得高，挡得低它就仰得低，很有伸缩性。

刘：那窑内气氛如何控制呢？

孟：一般烧还原气氛都是倒焰，也有氧化气氛烧倒焰的，但是不多，因为倒焰极容易造成一氧化碳串烟，造成还原气氛。那就是说，在宋代的时候挡火墙肯定挡得高，在一米左右，烧成还原气氛，后来明清以后就挡得低了，有些几乎不挡，有些简单挡一下，最多也就是六七十公分左右，后来就烧成氧化气氛了。这个就是窑炉可以掌控的地方。

这种窑炉还有一个可以掌控的地方。你看窑底照壁上不是有吸烟孔嘛，我们都管它叫鼻孔，原来的窑炉这个地方那真正是像鼻孔，一道竖杠儿，甚至没有砖那么宽。在装窑之前根据这一窑要烧的东西的情况灵活掌握，如果要烧还原气氛，可以用砖自己把鼻孔塞上，塞上之后抽烟就抽不利了，窑内烧还原气氛的一氧化碳浓度就可以增高；如果是烧氧化气氛，就把砖抽掉，抽烟就顺畅了，这就等于是一个控制。后来把鼻孔弄大，完全都是后来狂热化扩大窑炉后改的，就完全利于烧氧化气氛了，吸劲大。扩大后窑的体积差不多有六七十立方，更大的有一百多立方，一窑装一万多件，宋代也就十几立方。

黑釉就是在这种大窑里，在氧化气氛中烧成的。也不能说这种大窑盲目扩大后什么好处都没有，这个怎么讲啊，你说北京市解放初期有多少人，有多大，那你说现在有多大，那当时的北京好还是现在的北京好？哪都好！那时候的北京好这时候的北京也好，这林子大了什么鸟都有，船大能抗风浪，船小好调头啊，这都有它的好处。这种大窑它的气氛更大，更加宏观，所以我们真正要烧好的陶瓷还应该是在这个大窑里。你要在这里面找一个好的火位，找一位好的窑匠，烧出来的瓷器那就绝了，那绝不是你那小家碧玉的小窑里面你想怎么搞能搞出来的，小窑里面没有这样的环境，回转不开啊，这里面大风大浪，气氛大，不同窑

103

第五章 土与火的交融——陈炉镇的窑炉文化和制瓷技艺

>> 当年陈炉陶瓷厂的20号窑 窑中套窑 门口两边的窗洞用来盛放工具

位烧出来的东西变化大，有非常好的，也有不好的，总归来说还是好的少，坏的多。

刘：这里的这座大窑比较奇怪，跟其他的好像不一样，一是在窑门口两边各有两个小窗口，这两个洞是有什么用处吗？二是从外面的窑门进去之后里面又是两个小窑，是窑中套窑，为什么会是这种结构呢？

孟：这是原来我们厂的一个大窑，后来又在这里面建了两个小窑。前面这里就是燃烧室，有坑的那儿是棚炉栅的地方，炉栅要在那棚起来，燃烧室上面已经堆起了那么多的燎渣，火焰在这升腾然后吸进去。这个还算小的，一米多高，大的话要3米高，光火台到灰坑的底部最少要3米高。这个窑中窑的好处是烧窑时外面下雨没什么问题，因为外面还有一层，有个套。门口两个小窗是烧窑工人放工具的地方，你看这儿的砖，砖腰子都被磨下去了，说明了工作量的多少，反反复复地使用。这个窑有20多年了，这是20号窑。我当厂长的时候，只要我在厂里，每天几乎都要转一圈，以前这都是荒坡，这窑都是我亲手建起来的啊！

刘：刚才在窑里面我注意到，窑底照壁上除了下面有两个鼻孔，在中上方部位还有一个方形的洞，那是做什么用的呢？

孟：在宋代的窑炉里，确实是在中间有一个洞，那个洞比后建的这些还大，对这个洞我们还没有办法认识，我曾经向李国桢先生请教过，他也不得其解，耀州窑里面还有很多让人不得其解的东西。我想既然留了这个洞，那肯定是有用处的，而且比较大，方形的，是一直通进去的。

刘：窑底照壁上的吸烟孔是左右两边一边一组，那窑背上为什么只有一个烟囱呢？

孟：这种窑下面的两组吸烟孔的烟道到上面就合成一个了，最后从一个烟囱出来。烟道的内部空间比较大，我们啊，就利用这个空间烧砖。

我们做陶瓷要耙泥，耙泥最后剩下的泥渣和烧窑的时候烧煤出来的炉渣，这两个一混合就是做砖的原料,把砖坯做好后放在窑内吸烟孔后面的烟道里,人家瓷器在前面窑床上烧,我们利用窑内余热就把砖给烧出来了,等到人家瓷器出炉以后,我们再从那个洞进去,把砖拿出来,等于是捎带着烧,就像以前的"官搭民烧"一样(笑)。小的时候我跟父亲就在人家这种窑里面烧砖,烧出来之后卖给厂里,100块砖大概是3块钱,有时候砖出来会裂,原因应该有两个:一个是窑烧得温度太高,再一个就是做砖坯的泥料合得太软了。这些砖完全是一个环保产品,而且是三寸厚、六寸宽、九寸长,我们这叫做"三六九"砖,三六九往前走嘛!陈炉这边出了几种建筑材料的砖,一种就是这三六九砖,我们叫短砖,盖房子、建窑都用这个;还有长砖和炕砖,盘炕用的;另外还有一种铺地用的地砖。

能烧窑、能建窑的人,就能盘你家的炕头。这盘炕完全是一个热工高级工程师的活,检验你的热工技术水平怎么样,有的人盘的炕光热一溜,有的是光热一块,好的就是满炕都热。烧窑好的人,盘窑好的人,那盘炕保证是没问题,建窑是大活,盘炕对他们来说是小菜一碟,我大姐夫任智魁就是盘炕的一把好手,他盘的炕烧多少年都不会冻。

刘:看来在陈炉这儿烧窑跟很多事物都是有联系的呀!陈炉的文化就是跟陶瓷文化相伴相生的呀!

孟:是的。陈炉陶瓷文化由什么组成呢?首先是它的性质、它的类别、陶瓷工艺技术、它的泥料、它的成型、它的烧成、它的原理、它的造型、它的釉色、它的纹样、它的销售、它的管理形式、它的计量单位、它的运销、人们的行业信仰、它的文化以及它伴生的文化、陈炉的民居景观和饮食文化,你要形成一个陈炉陶瓷文化,就是这些内容。你比如这个马蹄窑的窑背,就是陶瓷的伴生文化,陈炉就完全有一个瓷窑背的文化。

刘:这怎么说?

孟:以前烧窑的时候,这个窑背上面不是热嘛,在这上面可以做饭,可以烙饼,可以烤馍、烤鸡蛋、烤麻雀、烤红薯、烤玉米、烤爆米花,什么都烤,冬天可以在这烤火,还可以烫脚。我们的童年就是在这儿度过的,很有意思。捡一块瓷瓦片把土扒开,把红薯放进去,埋起来,把土拍一拍,过一会儿就看到热气往外冒,再等一会儿把它挖出来就能吃了。还

≫ "三六九"砖也叫短砖,盖房子、建窑都用这种砖

可以烤茄子，这是我们做陶瓷里边跟陶瓷有关的最好吃的菜，茄子把儿不要摘下来，拉坯的时候手上不是粘着泥嘛，不断地往下甩，甩下来的泥很细也很稀，拎着茄子把儿把茄子在甩下来的泥里面滚一下，就跟瓷器蘸釉一样，很均匀，然后也是扒个坑，把茄子埋土里，一会儿就开始冒热气了，把土扒开以后，用手拎着茄子把儿也不是很烫，拿筷子朝茄子一敲，包茄子的泥壳就全掉下来了，再扔到凉水盆里面，一是冷却一是洗掉粘着的泥巴，洗完以后用手撕开，用蒜等调料调一下，那真是好吃啊，这上面烤出来的味道跟别的不一样。在这上面烙饼也很好吃，1992年初，我曾经和中央电视台的杜宪就在这上面烙饼吃呢（笑）。还有很多的老头儿，用盆盛点水来在这上面泡脚，水自然地被徐徐加温，越洗越热，在里边烫脚那可真是舒服啊！这个地方还是陈炉的议事厅，冬天的时候大家都坐到这个地方烤火，东家长西家短的，这上面就是个小社会，我们叫议事厅。所以说，陈炉完全有个瓷窑背的文化，有吃的，有说的，还有看的。可是，你再看现在，窑背上的草都长这么高了，让人看了真是觉得压抑啊！

≫ 曾经衍生出陈炉瓷窑背文化的马蹄窑的窑背上现在已被蒿草覆盖

▶ 窑背上的印窗

刘：的确是啊，这么多的大马蹄窑都已经停烧了，只能想象当年"炉火不眠"的壮景了！这些窑的窑背上都开有几个方形的洞，像个天窗似的，它起什么作用？

孟：这叫印窗，顾名思义，就是像印一样的窗子。烧窑的时候，在低温区的时候，坯体里面的水份要散出来，在高温区或者要冷却的时候，要加速窑温的冷却，印窗就是起这个作用。你看现在一共是5个印窗，以前最早的马蹄窑只有后、前、下这中间的3个印窗，两边这两个都是后加上去的，这就是马蹄窑盲目扩大或者狂热扩大后的产物。既然把窑体扩大了，那么在冷却的时候就应该多放些风出来，使冷却得快一点，所以就增加了两个印窗。在低温区的时候，火点起来，然后让它慢慢烧，在300度以前，就是三四百度左右的时候，印窗是不封的，暂时用一块砖盖着，甚至还留一点点缝隙，因为这个时候坯体里面的自然水份比较多，要把水份散出去，等到300度以后呢，就开始把印窗封起来，用泥把它糊住，一直到烧完窑再把它打开，让温度散出来，让窑内尽快冷却。

我们这儿还有个宝贝，就是这些瓷瓦片。这个地方都是住窑洞，箍窑洞的时候要起拱嘛，砖是方块砖，下面棱角肯定是挨着了，上面就挨不上，留一个缝儿，这些瓷瓦片就能用来塞这个缝儿，是最好的建筑材料，它就等于木工常用的"楔子"，窑背上也用这样的瓷瓦片塞缝儿。

▶ 窑背上的瓷片楔子和封住的印窗

第五章 土与火的交融——陈炉镇的窑炉文化和制瓷技艺

刘：如果把北方的马蹄窑和南方的龙窑作个比较的话，它们的优缺点各是什么？

孟：这个问题比较复杂，完全可以写一篇文论，简单也说不太清楚，我曾经在一篇文章（《我对青瓷的认识》，收录于《2006年中国慈溪上林湖越窑青瓷文化国际研讨会论文集》）中对北方的马蹄窑和南方的龙窑作了一番比较，是这样说的：北方马蹄窑圆浑、朴素、简单，是鼓是锣，响动劲头大，气氛热闹浓烈，有尚武精神，属半倒焰的直焰窑、纯间歇性；而南方龙窑却悠长、华丽、复杂，是琴，是笛，乐章和谐悠扬，大有余音绕梁三日之美，重尚人文精神，具连续性成份而为现代阶梯窑、隧道窑乃至辊道窑的前肇和母坯。

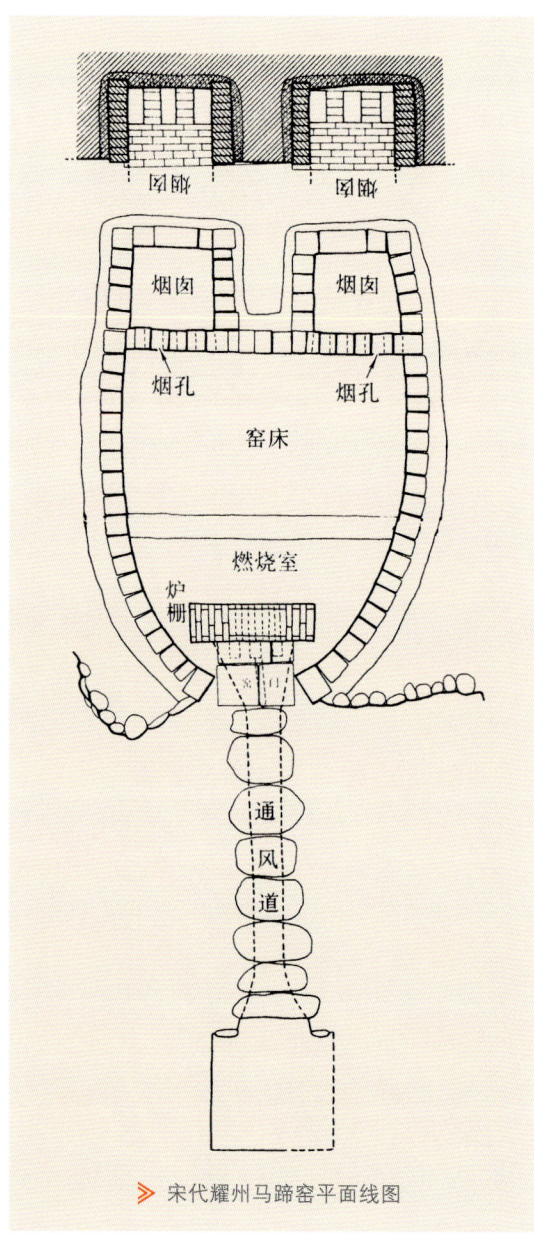

▶ 宋代耀州马蹄窑平面线图

为什么说马蹄窑的响动大呢？它的燃烧室（火膛）面积最大的时候大概应该在5平方米左右，一个龙窑的燃烧室面积至多2平方米，那么是5平米燃烧的火量大，还是2平米燃烧的火量大呢，肯定是前者。这是对于燃烧室而言的，所以它的响动劲头大，浓烈热闹、气氛升腾。所谓尚文尚武精神就是直接把民族和民族性格以及文化结合起来了，一个像北方的锣鼓，一个如南方的丝竹。用的燃料也不一样，南方木材多，地方燃料源就是柴、木、竹，而我们北方产煤，燃料源是煤，我们宋代的耀州窑是首先掌握燃煤技术烧还原气氛的窑场。

另外，马蹄窑也跟我们北方生活方式简单有关，一碗面条就行了，它就一个窑炉，一个窑炉就一个燃烧室，不像南方龙窑有好多个投火孔。它们一个浑圆，一个悠长，从使用功能来说也是这样，马蹄窑的截面大，龙窑的截面小。

南方的龙窑依山而建，靠本身的长度使窑内的气流和温度自然上升，并利用前段燃烧的烟体预热后段的坯体而节约燃料，所以龙窑升温快、冷却也快，烧成周期相对较短，而且木柴火焰柔和软长，灰分熔点高，不结渣块，工业废渣少，更适宜于高质量瓷器烧成的工艺要求。而北方的马蹄窑是一个燃烧室，燃煤火焰短猛而烟大、烧成范围过宽、温度差距大并且气氛极不容易均匀，升降温度较慢，烧成时间长，好处是容易控制升降温速度，容易保温，特

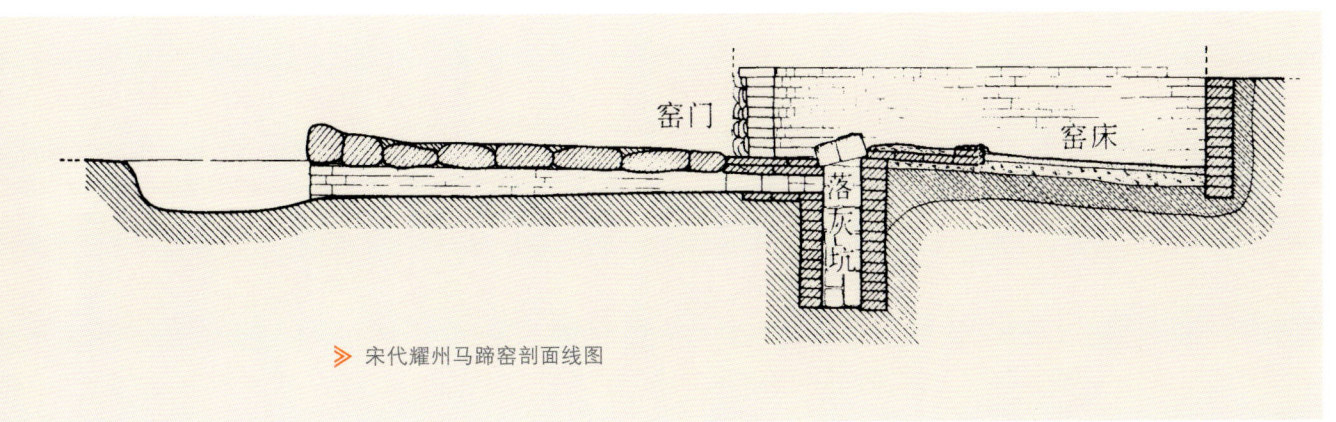

> 宋代耀州马蹄窑剖面线图

别宜于烧制厚胎瓷器。

刘：北方普遍采用马蹄窑的窑炉体系，而南方是龙窑体系，这是南北技术上的原因还是别的什么原因呢？

孟：这应该是自然资源、民族性格和地域文化的关系，当然也有技术上的原因，两种窑炉南北方应该都可以用，也不是说南方用的都是龙窑，它也有不少窑场用的是马蹄窑。景德镇元代的时候就仿建过北方的馒头窑，而明代改进后的葫芦窑和清代的柴窑（又称镇窑），在某些程度上有同于马蹄窑的地方，其实就是龙窑和馒头窑的结合体。

> 南宋官窑龙窑遗址 长40.8米 宽8米

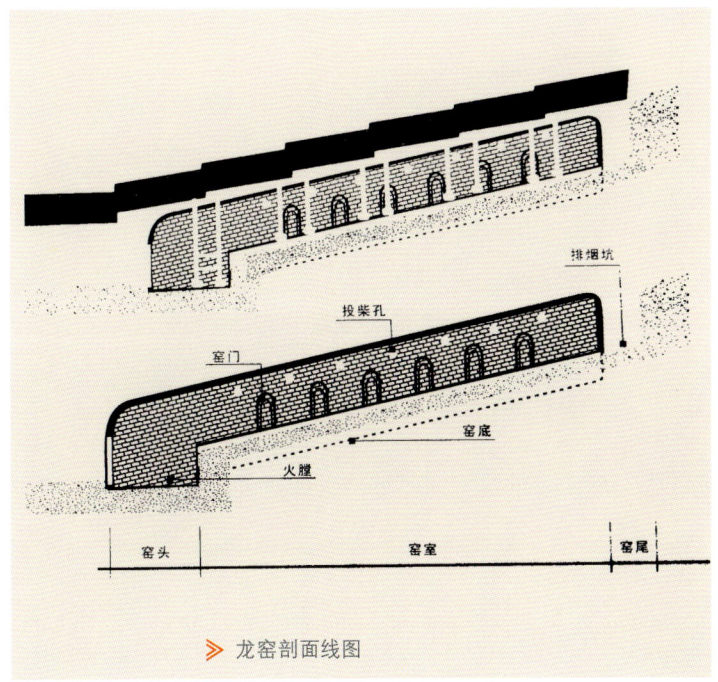

> 龙窑剖面线图

刘：马蹄窑和龙窑这两种窑炉哪个装烧体积大？

孟：应该是龙窑大，就算到了元代马蹄窑扩大后，也还是龙窑大，因为龙窑长嘛，按照今天的工业思路来讲，它等于是流水式的、连续性的作业，而马蹄窑是间歇性的作业。

编者注

沿途我们又看到了很多大马蹄窑，其中有两口是清代的窑。

刘：这口窑的窑门外沿多出了一圈拱圈，而且这上面还有一个天窗，之前看到的那些窑都没有这层外圈，还有这个窑门外面有这么大一个空间，两侧还有两个小的窑洞。

孟：这是口老窑，应该是清代中晚期的窑炉，外面的这一道拱圈是后加的，上面的天窗也是后来开的，工人们用板车把煤拉到这上面，从这个天窗直接把煤倒下来，倒在窑门口。以前为什么没有这个天窗，是因为最早是用牲口直接把煤驮到这，没有必要走这上面。陶瓷厂成立后，当时整个陶瓷厂有一个煤场，等于说是煤的集散地，统一用卡车把煤从煤矿拉到煤场，然后用板车把煤分送到各个窑场，就从天窗上面把煤溜下来。旁边的这两个小窑洞也是后来挖的，是给烧窑的人用的，当作一个工作间，一个晚上休息的地方。

刘：这口窑在以前是属于个人作坊吗？

孟：清代的时候是属于个人的。这口瓷窑叫做李家头起（音似，方言），就是李家头上，整个的窑体

▶ 清代中晚期的李家头起窑窑门外有一道后加的拱圈

大概都没有动，都是老的，旁边的工作间是国有化以后修的，还盘了一个炕。以前像这种外面加了一个拱圈的窑，这样的窑炉都是比较好的瓷窑，有了这个拱圈，首先是工作的人不会淋雨，再一个是烧窑的煤或者出了窑的瓷器放在这里也不会淋雨。一般的窑炉从窑门口就露天了，没有这个拱圈，最多是工作的时候在外面搭一个棚，遇上下雨，窑工只能躲在棚下面。这种就是相对要好一点。

这旁边的作坊都是老的，国有化以后我们也在用，这都是主要的作坊。下面的这个灰道是老的，一直没有修过，你看这地上都能看见板车拉煤磨出来的痕迹。

旁边还有一口老窑叫做柳树底下（音似，方言），就是柳树的下面。这两口窑都是外边带拱圈的，这个地方的老窑炉不多了，真正的老窑炉也就四五个了，最老就是清代的。小的时候，这李家头起和柳树底下都是我们常来的地方，我还曾经在这里捡到过一个银元宝呢！

编者注

我们进入到柳树底下窑内，窑底照壁下方的四个吸烟孔比较大，可以看到后面烟道的空间，就是把砖放在这个空间里利用余热烧出来。这种算是大一点的窑，早先在清代的时候是烧缸的窑，所以相比较就比烧碗的窑要稍微大一些。

▶ 李家头起窑门两侧的工作间

▶ 李家头起窑往下溜煤的天窗

▶ 柳树底下窑的吸烟孔，利用这后面的空间可以烧砖

▶ 柳树底下窑

世代陶人 第五章 土与火的交融——陈炉镇的窑炉文化和制瓷技艺

为什么说它是烧缸的窑呢？一是因为这个窑比较大，再一个就是这个村子叫水泉头，村里多是姓李或姓张的，这个地方做缸窑的多。

刘：这些大窑，过去一般多长时间烧一次？

孟：国有化前，窑炉是属于几家共有的，几家一块儿烧，很公平，窑位有高低差距，各家前后左右搭配都有，窑位有好有坏，分得很均匀。过去烧窑根据情况烧得还是比较频繁，有人统计过，上世纪三四十年代，整个陈炉镇一年要烧340多窑，清代应该还要多一点，明代场面还要大，明代达到最高峰，规模最大。它的一个烧成周期要半个月左右。

刘：这些大马蹄窑不用了，现在的陶瓷厂和一些私人作坊用的是什么窑呢？

孟：都改气窑了，现在陶瓷厂有两个气窑，都是近几年才开始使用的，以前都还是用自己盘的窑，现在陈炉的这些私人作坊、瓷坊，差不多都是这十年左右建起来的，现在也都改气窑了。

刘：耀州窑从宋代开始就首先掌握了燃煤马蹄窑烧还原气氛的技术，这也依赖于铜川相当丰富的煤炭资源，那以前工厂烧窑用的煤都是工人自己从当地开采的吗？

孟：对，工厂同时就有两座煤矿。煤矿等于说是陶瓷的一半，本身陶瓷的利润就非常微薄，从经营角度来讲，几乎就在经营的平衡线上上下波动，稍微弄不好就亏本，如果从外边购煤，加上运距和成本的增高，很可能就亏掉了，自己产煤的话，运距比较近，而且价格比较低，成本就低一些，就有可能有盈余。

说起煤矿，我在陶瓷厂当厂长的时候，还有一件令人比较满意的事情。当时我前任的厂长把厂里自己的煤矿给毁掉了，我是1988年6月1日接的班，6月3号我们全体中层干部和厂里领导到现场开会，研究在那里打煤矿。选那个点有几个原因：当地老人传说那底下有煤矿。我们还找过一些地质资料证明那下面确实有煤矿。当时有两种意见：打斜井或者是打竖井。我们讨论了一下，竖井的深度太深，而斜井的坡度长，比较省事一点，可是在后期开采的时候，斜井井口必须要有风机和风筒不断地往里送风、供氧才行。竖井则不然，我们传统的竖井一般是打两口井，两口井离得不远，在底下贯通，空气就流通了，这样就一劳永逸了。斜井的话，光风机就要耗大量的电，当时我们接的是电厂的电，万一突然停电就麻烦了！后来合计了一下，决定打竖井，那是1988年6月3号！竖井是一个主井一个副井，当时主井一打下去，那煤有一丈多厚啊！这么厚的煤层在这个地方是很少见的，当时大家欢呼雀跃啊！1989年6月3号我们正式在那里出煤并举行了开工典礼。尽管那个地方老祖先已经采过煤了，但是还没有采完，给我们留了一点，让我们红火了十几年。那个煤矿打出来之后，支持我们的人自然不必说，连反对我们的人都非常高兴，大家都说这一宝算是押中了！

采访地点：澄城县尧头镇

编者注

从第一次的访谈开始，孟老师就经常提起他小时候耙泥的情节，这也是北方做陶瓷一个特别的环节。但是可惜的是，陈炉镇的耙池和泥池都难以再见，看不出任何痕迹了。后来，孟老师回忆起，在澄城县的尧头镇还保留着几个耙池，这里也是首批国家级非物质文化遗产项目尧头窑的所在地。五年前孟老师曾经去过一次，但是不能肯定这几个耙池现在是否还存在，于是，我们决定驱车过去再找一下。幸运的是，我们不仅顺利地找到了这几个耙池，并且还在村里的"老街"——窑户集中的地方，见到了一座保留完好的清代道光十四年的老窑。

刘：这个圆形的池子就是您常说的耙池吧？这里边还有耙杆呢，旁边方形的是泥池吧？

➢ 废弃的耙池

➢ 仍在使用的耙池

➢ 耙池旁边的泥池

孟：对。这个耙池应该说废弃的时间还不是很长，旁边是泥池。耙池四周壁上有一个进口一个出口，旁边有水源，耙池都是建在靠近水源的地方，耙泥的时候，把水引进耙池。基本上是三个小时多一点，当地话就是说，"耙好了一耙泥"。以前小工（赶耙的人）跟东家结账的时候，就说耙了几耙泥，"耙"也是个计量单位，按照这个开工钱。

耙泥的时候，把坩子土运来倒进耙池，再从进水口放清水进来，开始是清水和坩子土，耙完之后就成了糊状泥浆，然后再放清水进来，释稀一下，最后把闸门打开，让耙好的泥浆流进泥池里面去，在泥池里

113

面继续沉淀，泥池应该叫蓄泥池，也是一个陈腐的过程。耙池里面就继续放新的坩子土和清水开耙，耙完几池后，就要把耙池里面的泥渣刨出来清理一下，然后再放新的。

刘：这个耙池里面还有耙杆呢，具体工作起来怎么操作呢？

孟：这个耙池的耙杆和上面的耙齿都是很简易的，构造要比当时陈炉镇的耙池粗糙得多，但是可以大概看出耙泥的方式。耙杆要长一点，比较直一点，一般是向中心粗，外边细，一般是在中心那头穿一个洞，把中间的轴穿进去，就相当于一个轴心。正规的耙杆应该是一根四方的木料，要选很硬的木头，一般用杜梨木。耙齿是直接插在耙杆上的，上大下小，在水里一浸一泡，木料一吸水，插得就更紧了。讲究一点的，还在耙杆上到耙池口沿的这个位置装一个木轴辘的轮子，这样拉起来就很轻快。耙杆上面装上环，套上牲口，后面有人拿着鞭子，赶着牲口，牲口拉着耙杆沿着耙池不停地转，下面的耙齿就不断地搅泥，使清水和坩子土混合成泥浆。按照严格的工艺流程来讲，我们北方耙泥必须在天暖和的时候把整整一年的泥全都

≫ 简易的耙杆和耙齿

≫ 轴心

耙好，放到蓄泥池里储存起来，所以耙池在这几个月当中要不停地工作，像现在这个耙池这么粗糙简陋肯定是不行的，肯定是不能供应后面工序使用的，再说这上面还是用铁丝拉着，一般铁的东西本身就比较贵、少，再说铁也不能进去，咱们陶瓷不就是害怕铁嘛，所以是不能用铁丝的。包括耙杆、耙齿用什么木头，都是应该有讲的，不能乱来，是很规整的。不过通过这个耙池我们还是能看到大概的样子，我小时候和三

姐就是这样耙泥的。另外，这个耙池有一点深，耙池不应该很深，如果池太深了，出泥、出料、出渣都不方便，而且从轴心到耙池上沿是有一点斜度的，中间低，四周高，如果这个池太深了，耙齿得多长啊！所以耙池一般也就半米深，太深了也不容易耙透，很吃劲。耙池直径有三米多不等，有大点的，有小点的。

耙泥需要在天暖和的时候，如果到现在这个季节（10月下旬），耙一耙泥可能需要四个小时，如果是在盛夏的时候，耙一耙泥只需要三两个小时就可以，因为粘土在夏季的时候风化的程度快，天冷的时候风化的程度慢。如果这时候耙泥的话，到明年用，陈腐的时间就太短了一些，现在陶瓷厂里面，一般头道泥粗练出来以后，都要陈腐三个月，等着泥料纤维的生成。耙好的泥要在蓄泥池里沉淀，风吹太阳晒，泥本身再挤压再融合，夏天光照时间长，泥料纤维就生成得快，如果是冬天耙泥，泥料纤维就可能是生成得慢。以前在陶瓷厂的时候，每年阳历三月八日开耙，到十二月中旬停耙，根据天气情况，有时候可能停得还要早，十一月中旬就停耙。

▶ 陈炉陶瓷厂曾经使用的耙池只留下这样的痕迹

▶ 陈炉陶瓷厂曾经使用的蓄泥池里面还留存有陈腐的泥料

▶ 简易的淘洗釉料的釉缸

刘：这样一看就知道耙泥到底是个什么样子了。除了耙泥法，还有一种叫淘洗法，那它是如何操作呢？什么情况下用淘洗法呢？

孟：淘洗法是把料放在缸里或者是一个池子里面，把水和料放进去，搅一下，搅匀以后不就成泥浆了嘛，清水在上面，大块的泥料沉淀下去，然后把清水漂出来，中间层就是细泥了。淘洗法适合少量淘

115

泥，要是大量的练泥就得用耙泥法了。我们研究所现在漂洗黑釉就用淘洗法，但是往缸里倒的时候先过了一遍筛。

在练泥的这个过程中，还有两件常用的家什。一件是"驮笼"，耙好的泥放在蓄泥池里陈腐，干了以后，到来年开春，当地就要用一种枝条编成的叫做"驮笼"的篓子来装运泥块，装好之后把驮笼架在牲口背上驮到作坊里，再用水闷泥、砸泥、翻泥、练泥。另外，练泥的时候还有一个工具，叫做"铫子"，形状有点像锹，主要就靠它来砸泥、翻泥。其实我们这种工艺形式的练泥，一个人加上一把铫子，就等于一台真空练泥机，就凭一把铫子，用自己的力气一遍一遍地砸、摔，把泥里面的空气给排出去。铫子是最主要的工具，人相当于电，给它动力，让它开始工作。

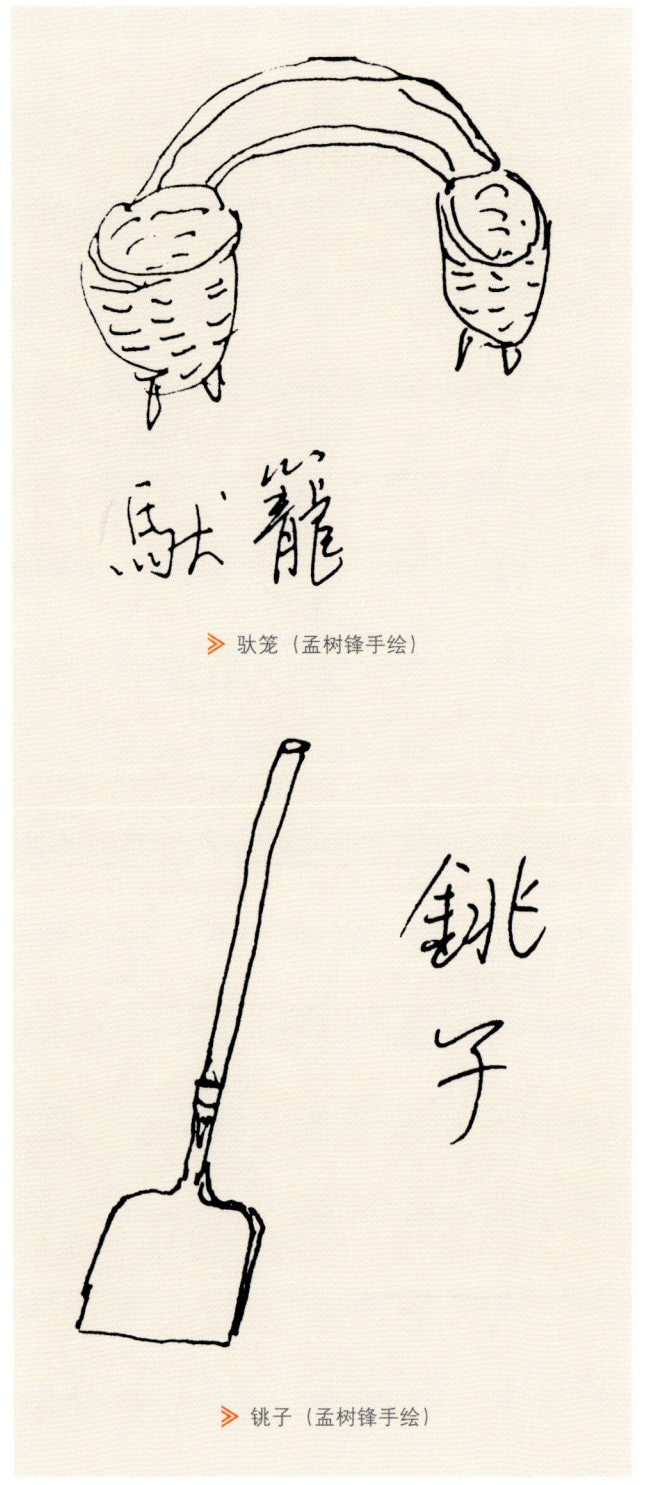

▶ 驮笼（孟树锋手绘）

▶ 铫子（孟树锋手绘）

▶ 孟老师示范用铫子练泥

编者注

正在孟老师向我介绍耙池工作原理的时候，一位叫白仓保的当地窑户走过来与我们攀谈。于是在他的带领下，我们走访了尧头村的一些做陶瓷的私人作坊。据了解，尧头这边跟陈炉相比，除了黑窑、瓮窑、碗窑三行之外，还多了一个砂锅窑，也遵循行行不乱的行业规范。随后，他带我们见到了清代的那口老窑。老窑的整个结构保存基本完好，只是窑背上有些坍塌，在窑门外面的拱圈上，在其中的一块砖上刻着"道光十四年"几个字，证实了它毋庸置疑的存在年代。然而，这口窑

> 与当地窑户白仓保交谈

却跟我在陈炉见到的那些大马蹄有些不同之处，它的窑顶很尖，窑室的内部空间也比陈炉的窑要高得多，窑顶上面只开有一个印窗，而且这个印窗是圆形而不是方形。窑室的内壁上挂满了一层层的灰渣等附着物，斑斑驳驳，再次证明了它的历史年代。

> 尧头村清代的老窑

> 刻有"道光十四年"的砖

世代陶人　第五章 土与火的交融——陈炉镇的窑炉文化和制瓷技艺

> 馒头窑的尖窑背及窑背上的塌陷

> 尧头村老窑窑壁上的附着物像是一幅山水画

> 尧头村老窑窑顶上的印窗以及窑底照壁上方的洞

刘：这口窑跟陈炉的窑不太一样，窑顶很尖，很高，上面就一个印窗，这也是馒头窑吗？

孟：这口老窑就是北方典型的馒头窑，像山西、河北、山东有许多这样的馒头窑，磁州窑的窑炉也接近于馒头窑。而陈炉的窑叫马蹄窑更合适一点，窑背比较平，人可以坐在上面烤火、烙饼，而这种馒头窑窑背很尖，人没法在上面活动，所以它就少了瓷窑的衍生文化。这种马蹄窑几乎就是陕西才有，马蹄窑就是耀州窑最典型的窑炉。

这口窑应该烧得历史比较长，你看这里面窑壁上，全都是一层一层的附着物，还有点像是一幅山水画呢。这也是一个比较难得一见的景观。你看这口窑窑底照壁的上方像马蹄窑一样也有一个洞，肯定是有用处的。它的燃烧室小一点，如果说装窑的话，火台前面的逼火墙肯定挡得很高，把火焰逼上去，因为它的这个窑体比较高。

MENG SHUFENG ON THE RUINS
An Oral History of the Chinese Pottery Art in Yaozhou

下 篇

采访地点：铜川孟老师家中
受 访 人：孟树锋（简称孟）
采 访 人：刘莹（简称刘）

刘：黄堡镇耀州窑从唐代创烧，一直到元代衰落，陈炉镇继起，到现在也已经1000多年了，在这么长的制瓷历史当中，有没有一些经验性的口诀或者是一些成为规律的东西传承下来呢？

孟：耀州从唐代开始烧瓷，宋代耀州窑达到顶峰，元代逐渐灭绝。元代灭绝距离我们这个时代是很久远的，因为耀州窑没有一代代传下来，陈炉虽然延续下来了，但是烧的东西和宋代鼎盛时期不一样了，中间断代了，我们再去整理当时的纯粹人文性的东西，整理一些具体的口诀，还是比较困难，口诀也比较少。现在掌握的也只能是陈炉镇现有的一些口诀，但也不是很多。这几年我对这一点也一直很注意，陈炉镇，到底有哪些口口相传下来的口诀性的东西？就像小学生学的乘法口诀一样，它确实是多少代人经验和智慧结晶的集合。陈炉陶瓷在全国来讲，毕竟规模和范围都还比较小，口诀不是很多，但也不是没有。

刘：那您按照制瓷的前后工序，谈一下这些口诀或者说是经验吧。

孟：好的。从工艺进程开始来讲，第一道工序就是关于原料的问题，当地有个口诀叫"若要阒（回音），件件沉"。"阒"在当地就是"完整"的意思，我们看陈炉的陶瓷一般都比较粗、笨、重，为什么不能轻巧一点呢？要是轻巧了它就阒不了，它就要破。这不是因为陈炉人手艺不行，做不薄，而是因为陈炉制瓷的泥料是粘土质的原料，也就是坩子土，它虽然可塑性好，但是收缩率大，景德镇泥料一般的收缩率也就在10%左右，而陈炉要达到15%-20%。刚拉出来的坯子叫做水坯，半干的坯子叫做半干坯，干透的坯子叫做干坯。从水坯到干坯的这个过程基本上要收缩10%，这个阶段就是成型阶段，从干坯再到最后烧成又要收缩将近10%，这个阶段是烧成阶段。所以从水坯到最后成品的收缩率差不多将近20%，这个收缩率是比较大的。

世代陶人　第五章 土与火的交融——陈炉镇的窑炉文化和制瓷技艺

> 修好的半干泥坯

陈炉做陶瓷的成型方法叫做湿成型、湿修，其实就是在半干的状态下修坯，湿修的话，坯子的形状大概固定了，但是结构的能力还是比较差，人在操作轮子修坯的时候，对坯用力的轻重都会给坯造成变形的可能性，所以变形的基因就埋在里面了。景德镇是干成型，就是拉完坯之后让坯子阴干，坯子干透了以后再修坯上釉，坯子不容易变形。但是我们这又不能像人家景德镇那样干成型，为什么呢？因为陈炉的泥料收缩比例大，泥的颜色也比较深，颜色深就必须在上面先上一层化妆土遮住这个深的颜色。上化妆土的时候，既要求坯子里面有一定的水份，让它保持在合理的收缩范围以内，又要让坯子有一定的吸水性，干点儿了以后才能吸水，才能吸上化妆土。那什么时候上合适呢？就是在这个坯子能用手拿住而不粘手的时候，这就证明坯子干一点儿了，水份散一点儿了，修完坯之后上化妆土。如果等坯子完全干了再上化妆土、上釉子的话，坯子要吸水，收缩率又大，一收缩一膨胀坯子就彻底完了。这就是原料性能不一样，成型方法也不一样。

刘： 上化妆土是不是就是这边说的衬碴？它的成分是什么？

孟： 对，因为泥胎的颜色比较深，为了遮住胎的颜色，就在上面先上一层白度和纯度都比较高的化妆土，叫"衬碴"。化妆土其实就是一种精选的特白特细的粘土，还是属于泥料的范畴，用漂洗的方法，把它做成釉浆，均匀地敷施上去，就跟上釉一样。

刘： 陈炉做陶瓷上釉都有哪些方法？

孟： 这个地方施釉有蘸釉、浸釉、刷釉、涮釉、浇釉等几种方法。蘸釉一般是给坯子上半部施好其它釉子后，以黑釉蘸补坯子底部露胎的一小部分；浸釉是把泥坯全部浸入釉浆中，利用坯体的吸水性，使釉

> 浸釉　将坯件浸入釉缸中

浆均匀地吸附于坯体表面，是最基本的施釉方法之一；刷釉是用毛笔或者刷子蘸着釉浆均匀地涂在坯体表面，一般用于局部上釉或者补釉；涮釉实际上是怎么回事？比如一个大的坛子，要先上里面的釉，水坯拉好以后到半干的时候，把釉浆倒进坛子里面，然后把坛子掂起来来回晃动，釉浆不断地在里面来回涮，然后再把多余的釉浆"咕咚"倒出来，这个时候实际上坯子外边都还没有修，这就叫做涮釉；浇釉是对大件而言，将坯架在盛釉的大锅上，拿碗舀上釉浆沿坯子转圈倒流，浇到最后如有露胎的地方，便在碗里少舀些釉浆，朝露胎处甩上去，又称作甩釉。

上釉的时候要保持一点儿水份湿度，在保证坯子结构的情况下固定坯子的收缩，又要让它有一定的干度，好吸釉。所以要掌握好这两个的距离，不能拉得太大。因为如果太干，水

▷ 浸釉 利用坯体的吸水性让釉浆均匀吸着上去

份跑掉了，坯子就缩小了，浸釉的时候又要吸收水份又要膨胀，一膨胀就要扩大，一扩大坯子就坏了，所以要湿着成型。这是在第一阶段——成型阶段的原因。

在第二阶段，也就是烧成阶段，烧成前干坯的大小和烧成后成品的尺寸，收缩的比例也很大。如果做薄了，在收缩的时候，进行物理变化改变它的结构以成型的时候，它的厚度就抗不住它的收缩变化而导致烂掉。

▷ 浸釉 抬起

▷ 浸釉 放到晾坯架上自然阴干

所以，坯子要厚一点，要能抗住高温时候发生的结构变化，这就是所说的"若要阔，件件沉"。这是一个基本的、大概的规律，就是作为一个祖训流传下来的，它是整个这个地方的一个普遍规律，要想把它做完整，想要它活下来，就必须件件都是沉重的、厚重的才行。

但是你看我祖父做的大缸，那坯子也是很薄的，也有这种情况。这里讲究一轮子下来做几个碗，就是一棍子把轮子搅起

来，轮子凭着惯性转得很快，拉坯师傅赶快放下棍子来做，看看到轮子逐渐慢下来停止，这一轮子能做几个碗。有的师傅手快，水平高，一轮子下来能做五个碗，很轻松，而且坯子也拉得薄；有的师傅手慢，手艺差点，一棍子下来做不了一个碗，坯子又厚。一个匣钵，装坯子薄的碗能放十一个，坯子厚的碗只能放八个，那这手艺好的师傅效率就高，这一窑的产量就大。手艺好的师傅就能做得坯子薄又能撑得住收缩变化，所以这不光是泥料的问题，还有我们人的技术对泥料驾驭程度的问题。我们看到的有些挺薄的坯子，有两方面的原因：第一方面就是泥料的配比，可能找到了一个更合适的、性能更加优良的料；再一个就是拉坯师傅驾驭泥料的本领特别高。但这都是比较少的现象，一般来说这个地方在原料这一关还是讲究"若要阔，件件沉"这个原则。

第二点要注意的是，练泥的时候有一些讲究。

这个地方做陶瓷的原料就是当地粘土，也就是坩子土，粘土大同小异，差不多都一样，要拿经验上来讲就是两种，一种软一点，一种硬一点。软硬一搭配就可以作为耙泥的原料，实际上这也是遵循中国传统的哲学思想，我们是阴阳相合，取一个中庸，软硬一配刚好适中，太软太硬都不行，这也能反映出中国传统哲学思想的一些基本元素。当然有些地方的原料它自己本身软硬刚好，不需要再配，属于单料成型，也就是"一元胎配方"。单料成型的很少，南北方都有，但不是很多，浙江的瓷石就是单独成型的，所以青瓷最先在那里产生；而景德镇一个配方最少也要有三四种来配；陈炉这边最少也得两种。具体到应用的时候，有红坩、白坩，从颜色上分，基本上就是粉白色、蛋青色、青灰色、灰黑色、姜黄色、褐红色这几种，还有一种叫桃花土，直接跟桃花联系起来就可以，就是指粉红色的。一般来说，灰颜色的含铝量高一点；白一点的、淡青色的、灰青色的含硅量高一点；红一点的含铁量高一点；黄一点的含钛量高一点，就是这么一种情况，可以任意搭配一下。

> 坩子土

泥料从放进耙池耙泥到耙完干了以后，要驮到作坊里面来，就要开始用水来闷。作坊里都有一个泥场，实际上就是地上一个两三平米大，比地平面凹下去20多公分的一个池子，把做好的干泥块放在泥池里面，然后拿水闷。泥干的时候，水一泼上去都能听到"吱吱吱吱"泥块吸水的声音，水泼上去以后要过好长时间，然后接下来要砸泥。因为泥是块状的，要砸、要翻，翻出来进行陈腐，陈腐好了以后堆成一个方块，这等于我们今天所讲的一个粗练的过程——水闷、砸翻、蛰陈，等到要拉坯用的时候再把泥拿来进行精练。精练的时候，在这个泥场的旁边选一块地方，通过"翻折、踩踏、刻铲"这些动作进行"熟泥"，用我前面说过的那个工具——"铫子"来回摔、翻，把泥里面的空气给排出去，踩和踏也不一样，一只脚叫踩，两只脚叫踏，经过这些动作，完成练泥的过程。练完了泥，铲下一铫子放在泥墩台上揉泥准备拉坯。其实这些也算不上什么口诀，但这最起码是这里的老师傅能够说

≫ 熟泥的过程：用铫子通过不断地摔、翻，把泥里面的空气排出去

≫ 熟泥的过程：踩、踏

≫ 熟泥的过程：已经精练好的可用来拉坯的细泥

得出来的工作要领。

刘：揉泥的时候有什么方法吗？和景德镇一样吗？

孟：有点儿不同。景德镇揉泥时卷的多，我们是拍打的多，通过拍打把泥里面的空气排出来，最后还要卷，南方不太拍打。揉泥的过程有这么几个动作：甩拍、揉搓、推掰、卷合。

再就是制备釉料和上釉的时候有两个口诀。

陈炉做陶瓷用的釉料是硬度比较高的釉石，就是从陈炉和富平交界的山的山塬上开洞挖采出来的。釉料其实就是简单的两种，一种是黑釉，一种是白釉。实际上不管是唐代也好，宋代也好，也不管是耀州窑

也好,还是我们后来的陈炉窑,黑釉用的就是当地的黄土釉,黄土要选层次比较深的没有被风化的。陈炉有两个地方的黄土比较好,我听我父亲说过一个地方,还有一个是我们以前在陈炉陶瓷厂的时候用的,陈炉镇上一个叫做鬼门关的地方,那里的黄土稍微好一点。

白釉的加工用的是"石碾法",先将釉石砸碎成小颗粒,然后铺在石碾盘上,往碾盘注水,赶着牲畜拉着石碾子研磨,碾成细浆后过筛倒入釉缸里陈腐,这叫做"碾药"。黑釉的加工是采用"漂洗法"的方式,把釉子放到釉缸里搅拌啊,然后让它沉淀、过筛。在试釉子的时候有句话叫做"搅一搅,澄一澄,再

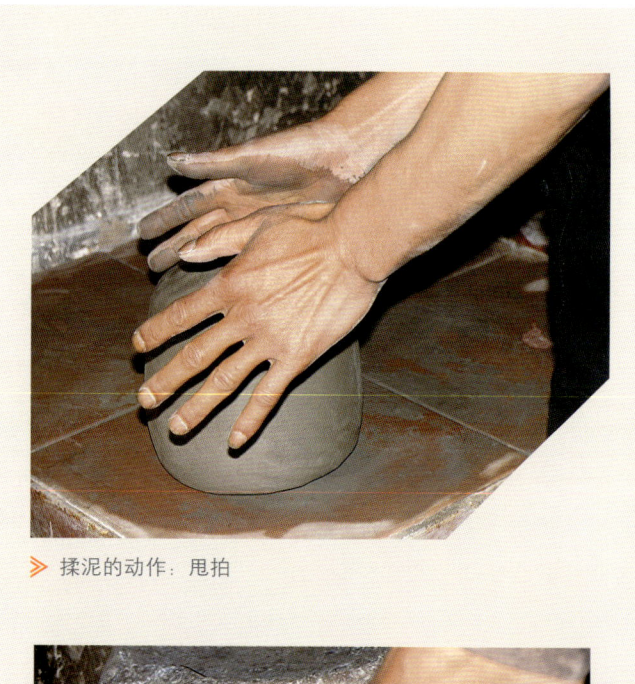
▷ 揉泥的动作:甩拍

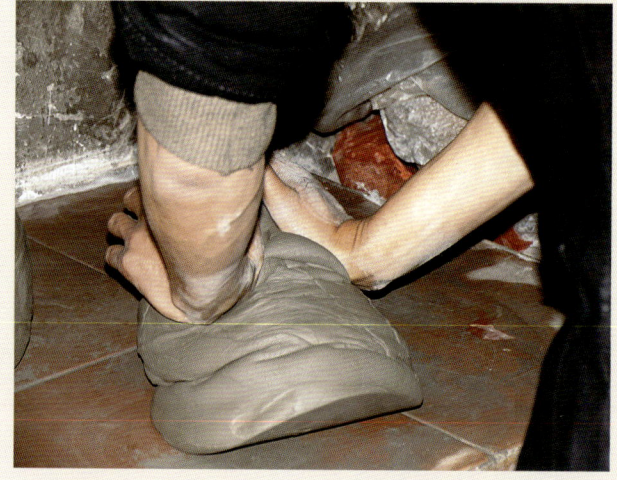
▷ 揉泥的动作:揉搓

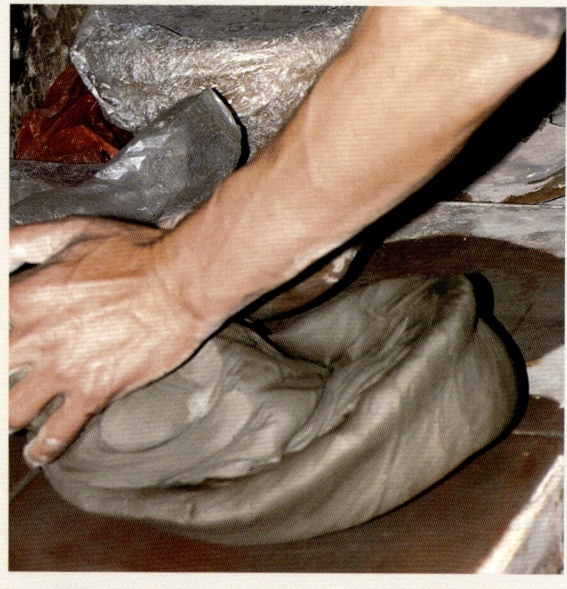
▷ 揉泥的动作:推掀

▷ 揉泥的动作:卷合

看釉子清不清",怎么讲呢?先拿棍子在釉缸里搅动起来,搅完以后停一下,再用手从里面蘸一下,看看水和釉的粘稠度。现在来说这很容易,我们有一个比重表,一试就知道水和釉的比重值。以前是先搅动起来,怎么讲呢,这种釉子加工的细度按说还不是很细,加工的形式很粗糙,所以说釉子的颗粒比较大,颗粒大沉淀得就快,所以要搅动起来,如果不搅动釉子马上就沉淀了,釉和水就分离了,浓度就改变了,所以要"搅一搅,澄一澄",再拿

▶ 简易的石碾法

指头试一下,"看看釉子清不清",一看手上能挂住了,这个釉子就好了;要是挂不住,那就上不成,在手上挂不住,在坯子上就挂不住,这就是配釉过程中几句简单的口诀。

上釉的时候还有几个字——"辍、涮、澎、提",这是一些基本的上釉的动作要领,要迅速连贯地一气呵成。师傅们就要讲清楚,"你澎了没有,赶快提出来","澎"一下,里面的空气都要排除掉。这是施釉的情况。

泥料釉料备好了,接下来就是成型。

瓮窑、碗窑、黑窑的基本手法大同小异。方法大概是两类:缸窑大件是用盘泥法来成型,然后拉坯、修坯;瓮窑和黑窑的小件,包括所谓的大中件,盘泥法适用于大缸大盆,再下来一尺左右、一尺高低的器型都算是手拉坯的大件,统一叫"使泥法"。

刘:盘泥法和使泥法具体怎么操作?

孟:盘泥法用来制作特大的

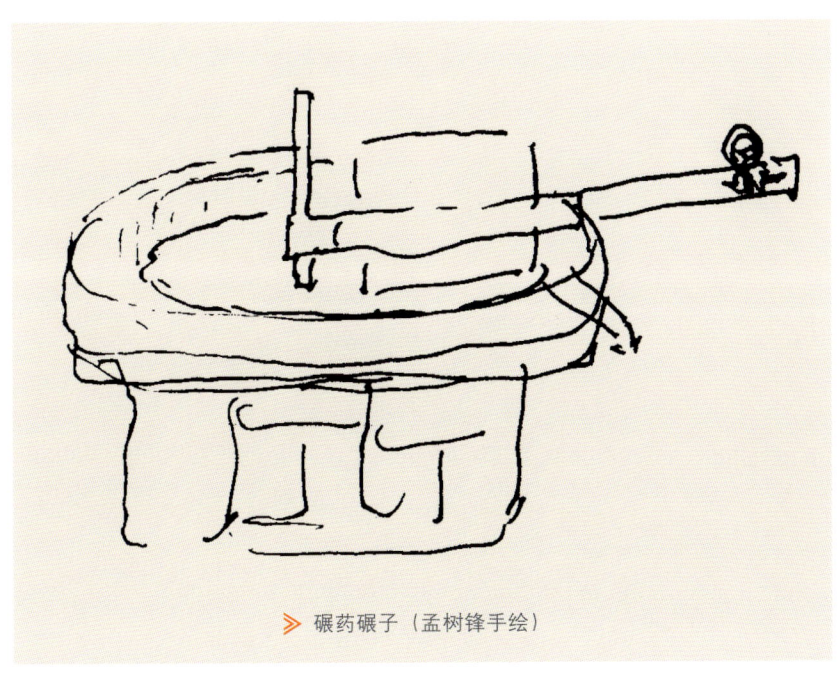
▶ 碾药碾子(孟树锋手绘)

125

缸、盆，先用泥出一个"探子"，所谓的"探子"就是，比如做一个大缸，大缸最底下第一节的基础比较厚，打一个基础，这叫探子。把探子拿到外边去让它干一点，到能撑住的时候再拿进来放到泥墩台子上面，把泥条一根一根盘上去，盘完以后再拍，拍完以后再拉再修，这是盘泥法。使泥法一般是黑窑和瓮窑里面大中件器物运用的成型方法，把整个做坯子过程中的一系列动作统称为使泥法，具体是：首先拓泥——把

≫ 拉坯的步骤：拓泥

≫ 拉坯的步骤：抱泥把正

≫ 拉坯的步骤：提泥拔高

泥拓到轮子上，这是一个动作；然后是抱泥——实际上是一个正泥的过程，因为把泥拓上去的时候重心不一定在轮子正中，就是一个"把正"的过程；再是揉泥——揉搓，掌握泥的平衡；接下来是提泥——就是拔高，这里叫"提筒子"，把泥提起来；最后是使泥——里外擦着塑型、出造型。整个这些过程又统称为"使泥法"。

≫ 拉坯的步骤：使泥出造型

≫ 拉坯的步骤：口颈的塑造

≫ 拉坯的步骤：口颈的塑造

碗窑行的使泥法有两种,因为碗和盘比较小一点,它们有一个叫做"顶泥子"和"抹泥子"的出造型的方法:"顶泥子"是从外边用拇指塑型;"抹泥子"是在里面用手指塑型。有时候从器物的造型中就能看出用的是哪种方法,这是碗窑的一种特殊的拉坯方法。应该说有些口诀包含的意思也是让你感悟到一种形式、一个过程的提炼,让你能感觉到这个名词"顶泥子"是一种什么样的状况,感受到造型的一个技术状态。

>> 拉坯的步骤:完成后用线割下来端走晾干

刘：拉完坯，就要修坯了，这个步骤有什么规则吗？

孟：对。修坯上有句话叫做"光修外，不修里"，这几乎可以说是一种规矩，也可以说是一个口头语。因为前边也说了，陈炉这边泥料的可塑性好，几乎可以一次拉成型，因此这边修坯修得少，光修外面，不修里面，包括在宋代耀州青瓷达到鼎盛的时候，碗里边还得印花什么的，这里面都是不修的。

刘：里面不修，那怎么保证里面的光滑度和平整度呢？

孟：这边做陶瓷有一种叫做"刮子"的工具，是用石灰岩的页岩磨制的，自己打磨出需要的造型。它实际上起到一个固定造型线条，同时也让坯子里面光滑平整的作用。《德应侯碑》里面说："转轮就制，方圆大小，皆中规矩"。什么是规矩？这就是他们的规矩，就是最早的标准。比如说碗在装窑的时候是一个一个摞起来叠烧，你的手艺再熟练，拉出来的坯也会有大小的差别，那怎么办呢？用这东西往上一搭，就等于一个标尺，这么一搭它就知道拉的大小是不是准确了。我们的手工业跟现在的工业应该说是一样的，没有一个标准下道工序就没办法做。这种刮子有大有小，有盆底刮子、碗底刮子，做不同的器型用不同的刮子。它有个坡度，这其实跟国际陶瓷发展到上世纪三四十年代时候出现的旋压技术压坯机道理一样，旋压的刀就是这样，也有这个坡度。

我大姐夫去世以后，我们给他办丧事，就找到了几件他做陶瓷用的工具，其中就有几件刮子，因为用的时间长，边上都磨得有点薄了。这是用石灰岩的页岩打磨的，我们陕北的民谣说"米脂的婆姨，绥德的汉，青涧的石板，瓦窑堡的炭，富县的尿罐摔不烂"，青涧的石板要薄有薄、要厚有厚，就那山上的页岩你采下来就可以打磨用。为什么要用它做呢？因为这种石头致密，吸水慢，吸完水以后放水就慢，所以你一旦磨光了以后，在泥上一搭呢，它利泥，跟其他材料明显不一样，而且耐磨，它还有点劲儿，有点重量，你要是用木头来做的话，木头太轻，用起来会飘。

我大姐夫还有一件工具，像是一个托儿似的，是做大器的时候用的。比如说做大盆的时候，先把这底托儿放在轮子上面把正，把正了以后在底下弄点泥疙瘩把它固定住，然后把揉好的泥巴墩在上面，开始拉坯，拉好坯之后整个把这底托儿端下来，所以你看好多盆底下都有花纹，就是在这个底托上面印上去的。如果不用这东西，拉好的大盆用线割下来之后就很难用手端下来，因为体型太大，一端肯定就会变形，所以要用这么一个东西，也快。这是民间的土办法，但是非常管用，你想他们要拿这个养家糊口，要靠这个吃饭。

有了刮子这种工具，就能让坯子里面光滑平整，好在里面印花，里面就不用修坯了。外面呢，基本上口沿上不用修，底帮上要修一下，所以就是修外不修里，包括瓶啊、壶啊、碗啊，不像景德镇那样用各种各样的旋刀里外修坯，陈炉这边是只修外面不修里面，这是大概的一个规则。

刘：对，景德镇修坯行里有一整套的修坯工具，当地一般叫做"利坯"，利坯也需要很深的功夫，师傅拉出来的坯一般留给利坯很大的空间，很多造型也是通过利坯最后形成的。

孟：是的，它们的坯子相对来说拉得要厚一点，再靠利坯出细部造型，这边粘土性质的泥料可塑性强，就可以直接拉到位，这也提高了生产效率。

坯子做好，上好釉，就要装窑了，这也有一个大概的过程。

陈炉讲黑窑、瓮窑、碗窑"三行不乱"，一般来说，烧窑的时候也是这样，据我对陈炉这么长时间的了解，这一窑单烧黑窑就烧黑窑，烧瓮窑就全部烧瓮窑件，烧碗窑就全部烧碗窑件，不能说这一窑里面既烧缸又烧碗，不能混着烧，这几个东西烧不到一块。

刘：哦，原来装窑的时候这三行的瓷器也要分开啊！那具体装窑的时候都有哪些讲究？匣钵怎么放置？

孟：以碗窑为例吧。碗窑看的是中巷，中巷就是窑床最中间的过道，两边是匣钵。碗窑基本上就是凭匣钵（筒状匣钵），这里面有个行话叫做"整摞子"，就是一个碗一个碗摞好，把正了，不能再动了，装窑的时候，把这整摞子一端，套到匣钵里边，这叫"套坯"。装的时候，以中巷为界，把窑体一分为二，中巷一定要正，一排匣钵放一个药计子，一直到最后照壁上的老线，这是从窑门正着看。而缸窑看药计子是斜着看，药计子基本都是插在半腰上，而不是插在窑底上，为什么这样呢？因为缸窑基本上是花插着装，它的件大，花着装节省空间。而碗窑的匣钵都是一个一个，横着竖着都是直的。

刘：我知道药计子是一种火兆[1]，那老线是指什么呢？

孟：都是兆子。陈炉这边烧窑一般都有三种火兆：药计子、老线，还有一种叫做"炷"。药计子就是根棒棒，为什么叫"药计子"呢，陶瓷的釉也叫做"药"，也就是釉药，拿釉药做的一个计量温度的东西，就叫做药计子。老线的形状就像是一只靴子，实际上是一个神像（窑神）盘腿坐在地上，因为是放在窑床的最后面最底下，所以就"老"嘛。装窑的时候，从窑床的最前面开始，沿着中巷，一排匣钵放一个药计子，一直到最后的照壁，放上老线。药计子和老线都是用黑釉的渣搓成的，当窑内达到一定温度，就会熔融了，瘫了，通过这个来掌握温度。"炷"也是用泥捏成的，截面有点像一把钥匙的形状，上面部分是一个泥疙瘩，不上釉，中间有个孔；下面部分泥棒棒上蘸上黑釉。窑背上面不是有印窗嘛，炷就是通过最后面的那个印窗放下来，用泥做一个棚板，上面有三个洞分别插上三个炷，大疙瘩担在棚板上面。烧窑的时候，用火钩子先勾出一个炷来看看烧好没有，就是看炷下面的釉子流了没有，如果流了就证明达到一定温度了，如果没有烧好就再烧，过会儿再勾出一个来看看，就是这么个作用。在中间的部位，还有一个药计

世代陶人 第五章 土与火的交融——陈炉镇的窑炉文化和制瓷技艺

▶ 孟树锋大姐夫生前用过的工具——做大器用的底托和刮子

▶ 刮子的使用：用这种简单的工具既可以测量碗、盘等坯件内壁的坡度又可以使其内壁光滑平整

▶ 用竹签测量坯件口径大小

▶ 完 成

≫ 修坯

≫ 修底足

≫ 修口径

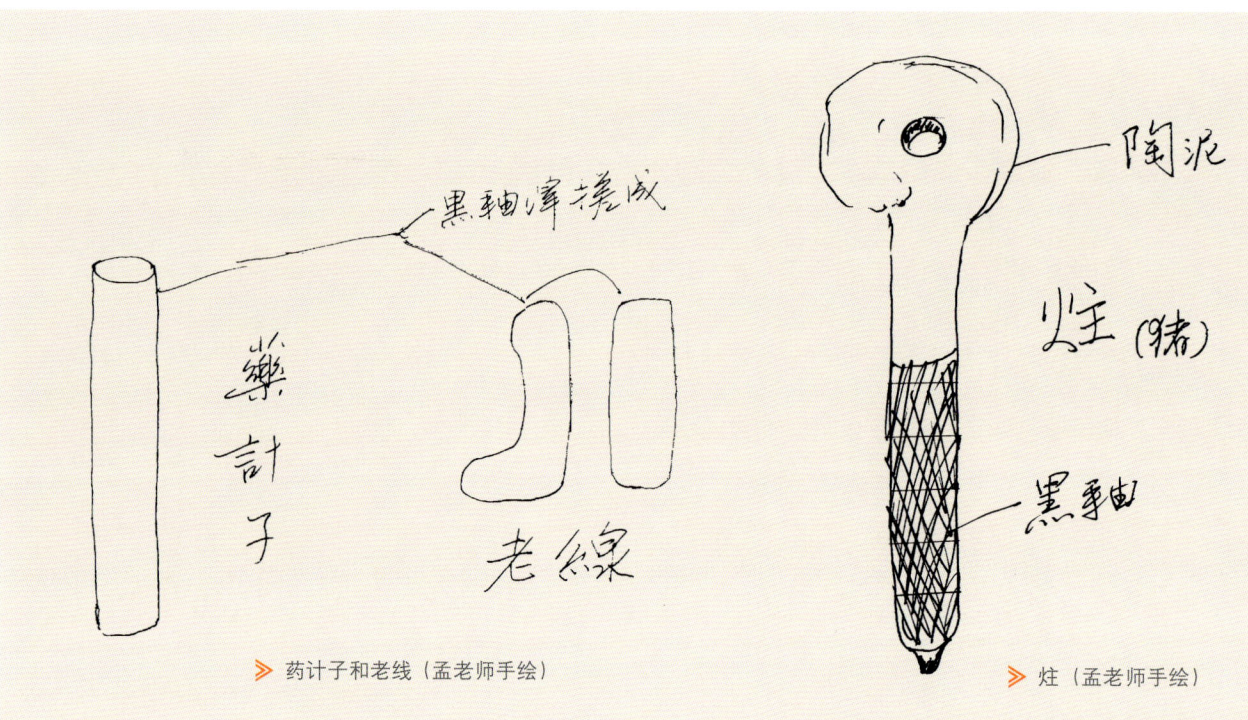

>> 药计子和老线（孟老师手绘）　　　　　　　　　　　　　　>> 炷（孟老师手绘）

子，这个药计子短一些，用一个瓦片插在中间坯子的缝里，用来了解窑内中间的温度，药计子和老线用来了解底下的温度，而炷是了解顶稍的温度。以前烧窑的时候就是通过这么几种火兆来掌握、控制温度，相当于我们现在用的测温锥。

装窑的时候大概有一个讲究：装窑的窑匠在窑床最后底部定好中位，留出15公分左右的"中巷"，架好"老线"，从中巷向两端沿着背墙依次排好匣钵。有一个规则叫做"三层一棚"，按照匣钵的高度，装三层为一棚，为什么是一棚呢？起架。按照人体的高度，从第二棚，也就是第四层匣钵就要开始起架了，这样窑工才能在一个方便工作的状态下进行，这叫做三层起架，三层一棚，每一棚都要起架。三棚以下的匣钵必须要用熟成品匣钵，因为下面要承重，三棚以上才能用坯子的匣钵。装窑时，按照窑顶拱圈走势，中间高，两边低，后稍高，前边低，是个弧形。这些是装窑过程中一些一般的规则。

如果是大一点的窑，比如像烧大器、大缸，或者一般的建筑陶瓷，专门有一个重要的工作岗位，叫做"看匠"。看匠就是专门盯着装窑的人，是指挥家，就像诸葛亮似的，在一边静观态势变化，那眼睛很厉害，往往就是凭感觉、凭经验，这一窑能不能烧成，就等着看匠给你定这个秤。如果说没伺候好这老爷子，他给你支点招儿，得，你这窑就烧砸了。小一点的窑不需要看匠，装窑满窑的人稍带着自己就把这个问题给解决了，但如果是大点的窑，就必须有这个看匠。装窑的人可能也懂一点儿，但是水平还达不到指挥总体的高度，所以要有这个看匠。如果窑装得有一点不正，是会倒窑的，有往前倒、往后倒、往左倒、往右倒几种情况，最后追究责任，明眼人一看往哪倒，怎么倒，谁的毛病，一看就清楚，做久了也是"把式"一个。倒窑在陶瓷这一行里面是非常倒霉的事，就像打鱼的翻船一样，是非常忌讳的。

烧窑的时候，过程比较复杂，有这么几个关键步骤：首先是"刨哨"，就是把装窑工人留在哨（燃烧室）里面的破匣钵、破瓷片等杂物收拾干净；然后再将块煤铺满燃烧室的哨底，在哨中间用麦草、硬柴和易燃的好块煤垒起一个小堆，这叫做"盘母火"；垒窑门，在窑门正中间留一个续煤口，从这里可以看到中巷。从灰道

>> 陈炉镇上还在使用的用煤作燃料的烧造粗制建筑材料的窑炉

顶的炉栅下点着母火下面的麦草，慢慢引燃后盘往窑门口，母火燃全哨底的过程算是低温徐热的烘焙阶段，使坯体中的自然水份得到充分排放，窑内温度大约在300℃之内，等到哨底全部燃红，下一道工序就开始续煤进入"小火亮巷"，药计子就顺着中巷一根根直直地进去，一直到窑底照壁中心，最后是老线，火发起以后，巷道就慢慢亮起来了，温度不到的时候，巷道是黑的，从窑门口看不到窑底，等到小火的温度上升到一定程度后，巷道就亮了，巷一亮，基本上从火台口就可以透过中巷看到窑底，看到老线，这就是一个阶段；然后就要"发药计子"了，此时窑温在1000℃以上，进入大火，升温加快，先把第一排的药计子烧熔倒下去，再烧第二排，第三排，一直烧到最后药计子一个一个倒下去，一直到窑底把老线也烧熔，这就是"烧老线"，老线倒了，那就证明全部都烧好了；最后一道工序是"罢火钩窑"，烧窑师傅从上面印窗勾出里面的炷，检验一下是不是也烧得流釉了，如果烧熔了，就证明整窑都烧好了，可以停火了，"罢火"就是停火，不烧窑、不续煤了；钩窑就是要打开窑门，上面的天窗也要扒开，让窑内尽快冷却，最后出窑。烧窑大概就是这个过程。

>> 装窑、刨哨、盘母火完成后，把窑门垒起来，在正中间留一个续煤口

另外，烧窑还有最后一道工序叫做扫毛。因为煤里面有煤灰、有灰粉，会落在釉子上面，落在釉子上面就成了渣，最后要用一些烧窑的技巧把毛冲掉、扫掉，这就成功了。但是现在这门手艺很多老人都已经不知道了，他们在那个年代都不知道这个扫毛是怎么回事，可见已经失传了很长时间。这一代代的已经断层了，我们现在只是知道留了这么一个传说，而且有东西可以佐证，但是究竟怎么搞的，那就不知道了，这个手艺啊，也在不断地丢失，有时候简直是没有办法。

刘：的确，很多民间的技艺都在严重地消失，非常可惜。那我们这一窑一般得烧多长时间啊？

孟：烧的时间很长。你看现在的瓷器用半小时、20分钟就烧好了，从预热区、低温区、高温区到烧成区再到冷却区，最后从窑口出来，就那么几十分钟。但是过去烧窑要用几十个小时，将近100个小时，一般要5天左右，那还要看气候怎么样，看燃料状况怎么样，看师傅的水平怎么样。有时候烧的煤不好，它的发热卡不够高，它的灰粉也大，还有结渣，烟又大，那就没办法，那就熬吧！在北方窑场里，有一个比较通用的口语叫做"烧窑最怕风雨天"，就是说有时候在烧窑的时候，猛然间可能是大雨倾盆啊，把露天正烧得热热的窑又给降温了，就又要延长三两个小时，这是很常见的事情啊！所以我们在烧窑的时候，都

≫ 低温徐热时从续煤口看到的药计子

要烧根香，祭拜一下。

另外，对于烧窑的时间，陈炉这儿不用天、小时算，而是有一个行话，叫做"件子"，它是一个烧窑时间的衡量单位，一件子是12小时，比如说烧了三件子了，那意思就是说烧了一天半了。

烧窑的时候，还有"红火蓝、蓝火红"的说法。就是说按照经验，火焰红的时候，烧的是还原气氛，烧成蓝颜色；蓝火焰的时候，烧成氧化气氛，出来的是红颜色。

过去啊，这一把火得连续烧100多个小时，两位窑匠每12小时倒换一次，整个过程全凭烧窑师傅眼光来掌握火候，这是非常神奇的。所以，我对马蹄窑有一个总结：传统的实践经验、科学的工艺技术和虔诚的行业迷信三者的结合。为什么现在烧窑还要把女的赶出去，还要烧香、要祭拜，其实就是从这来的。以前陈炉镇烧窑不准许女的来，因为一家一户做一窑瓷器要好长时间，有时候是几家，三家或者四家一起烧一个窑，所以烧一窑瓷器很不容易，不容许任

▷ 小火亮巷后可以看清药计子顺着中巷一根根排进去

▷ 大火升温阶段前排的药计子已经被烧熔

▷ 续 煤

> 现代的屉式窑炉 装窑相对来说要简单得多

> 出窑

何事情去破坏它，不容许女的来。一般本地妇女都知道这个规矩，一看谁家冒烟，就知道是在烧窑，就自觉不往那去。外乡的人不知道，经过这来了，就会有人告知情况，说那有人家在烧窑呢，这一来外乡人一听就明白了！为什么要烧香呢？我们自己搞陶瓷，首先自己要尊重自己，自己要看得起自己，自己要把这个职业看得很神圣，你干着才能够有劲，才能有理想去好好做。为什么说是迷信呢？窑工们认为每一窑里面都有窑神，开窑点火的时候，老板(窑主)带领烧窑的人，要先烧香把香点着，之后烧窑的师傅每次往里续煤的时候都烧一炷香，续一次煤烧一炷香，那是掌握时间呢，以前没表嘛，烧完一炷香就该续煤了，所以说这是双重功能，有实用功能，还有一个就是潜在的下意识的迷信功能，表示对窑神的崇敬，这是行业的迷信，也就是《德应侯碑》上所说的"神之助也"。

> 孟老师现在所在的铜川陶瓷研究所的实验工厂里，烧窑时还是要燃香的

刘：所以才说陶瓷艺术是火与土的艺术嘛，它不像画画，颜料是什么颜色，画在画面上就是什么颜色。而陶瓷艺术，釉的颜色完全要看烧窑技术，能不能让它正常发色，才能得到预想中的釉色，温度高了或者温度低了都不行，釉的发色都不一样，这在很大程度上是依靠经验来实现的。那么，除了成型和烧成过程中的一些经验或者口诀，在装饰这个环节，有没有什么口诀呢？

> 烧窑前焚香祭拜窑神

孟：也有一点，但不是很多。在装饰的过程中，就是我父亲跟我说过的"花好画，叶难点"，这是兰花和铁锈花装饰的要领，随着我自己这么多年的创作和实践，越来越觉得这句话精辟啊！还有一句土语是"画匠日鬼（方言，日鬼是当地话投机取巧的意思），画山画水"，就是说画坯的人有时候偷工，就给你胡乱画点山水画，这个容易画嘛，不费事。陈炉这边的兰花就四个纹样：莲花、福、牡丹、竹子。除此之外，还有一些跟河南相近的口语，比如说刻花的时候："一刀扎，二刀刮，离得近了马虎扎，离得远了不接茬"。我们耀州瓷刻花的线条，好的耀州瓷应该是两刀刻。两刀刻的话，首先第一刀是一刀扎，先一刀扎下来，基本上和坯面是垂直的；二刀刮，要是和第一刀离得近了，边上就会出现锯齿，离得远了两刀之间接不上，最好是两刀之间正好接上。这实际上是刻花中间的一个基本要领，在陈炉这里几乎很少用，实际上是人家河南的一个口语，但是我想应该和耀州当时的刻花是一种形式，但是现在这边已经断了，人家河南反倒保留了下来。

本章总结

陶瓷的发展和窑炉的改革是分不开的。耀州窑所用窑炉在北方来说具有一定的代表性，属于馒头窑窑炉体系，窑底平面为马蹄形，又称马蹄窑。宋代的马蹄窑在前代的基础上有了很大的改进，达到最合理最科学的程度，耀州窑在宋代的辉煌与当时窑炉的完善是有直接关系的。

宋代马蹄窑的性质属于间歇性的半倒焰式。所谓半倒焰是火焰自火膛先喷到窑顶，然后倒向窑底，经过制品，由靠窑底的排烟孔进入烟道向外排出。半倒焰窑靠烟道产生抽力来抽吸空气进窑，可控制进窑空气量，所以这种窑炉能烧较高的温度，也能烧还原气氛。

青瓷就是在还原气氛中烧成的。陶瓷胎釉中含有的铁质是和氧结合在一起成氧化铁存在的，在氧化气氛中，这些铁质和足够的氧结合，处于高价铁状态，高价铁呈黄赤色，因此烧成瓷器呈黄褐等偏暖的色调；而在还原气氛中，火焰因缺氧会产生大量的一氧化碳，一氧化碳具有很强的夺氧力，它能在釉熔融时将釉中甚至胎中的

▷ 宋代耀州窑青釉刻花缠枝菊纹器盖
（耀州窑博物馆藏）

▷ 宋代耀州窑青釉刻花缠枝菊纹器盖 局部

▷ 宋代耀州窑青釉刻花倒装壶 局部花纹
（陕西历史博物馆藏）

氧化铁的氧原子夺走，使铁还原成低价铁状态（氧化亚铁）而呈青色，故而产生青瓷。

宋以后，为了提高产量，窑炉被盲目地扩大，燃烧室、吸烟孔、通风道和落灰坑加大，缩短了烧成时间，还原气氛相对不易控制，因此烧出的青瓷普遍呈姜黄色，这是燃煤马蹄窑烧还原气氛技术的大倒退。青瓷产品逐渐衰落，而新品种铁锈花瓷以及传统的黑瓷和白瓷则取而代之，成为主要产品。

陈炉的31口马蹄窑均是上世纪60-80年代建成的，体积已经扩大到宋代窑炉的10倍以上，产品为日用粗瓷，宋代耀州青瓷的时代早已过去。而在宋代，陈炉作为耀州窑的一个卫星窑场，也曾出产过青瓷，只是质量、产量和生产规模均不及黄堡窑场，而金元战乱使得黄堡窑场受到重创，窑工纷纷流入地处偏远的陈炉镇，这给陈炉瓷业带来了发展的契机，在立地坡、上店等其他窑场相继停烧后，陈炉一跃成为西北地区最大的日用粗瓷出产地。

耀州青瓷的衰落，除了窑炉扩大所造成的直接影响，更多的是隐藏在其背后的社会原因。饱受战乱的人们，面对陶瓷日用品的严重匮乏，已经无暇顾及碗盘的胎体是否粗重，釉色是否清雅，刻花是否精致，更无心再去品味宋人生活的高雅，产量才是关键，实用才是标准。而此时远在南国的景德镇又烧出了青花、釉里红以及卵白釉、蓝釉、红釉等颜色釉，结束了元代以前釉色主要是仿玉类银的局面。青瓷，这个最古老的瓷种，在充当了漫长岁月的时代主角后，不得不让位于那些异彩纷呈的后起之秀了！

≫ 元代耀州窑姜黄釉刻花盘
（耀州窑博物馆藏）

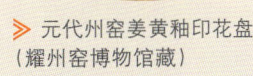
≫ 元代州窑姜黄釉印花盘
（耀州窑博物馆藏）

注 释

[1] 编者注：火兆是古代烧窑时用以检验火候的一种坯片，宋时在各地瓷窑已被广泛使用，也作"火照"、"照子"。

第六章

青瓷是练出来的
—— 对耀瓷的认识和创作心得

MENG SHUFENG ON THE RUINS
An Oral History of the Chinese Pottery Art in Yaozhou

本章综述 上篇

采访地点：铜川陶瓷研究所
受 访 人：孟树锋（简称孟）
采 访 人：刘莹（简称刘）

随着耀州窑陶瓷烧制技艺入选首批国家级非物质文化遗产代表作名录，耀州窑的研究被赋予新的时代意义。在这样的新环境下，孟老师作为项目负责人，对耀州窑的研究有着自己的看法：除却对考古的研究、对工艺技术的研究，我们现在欠缺的是从文化、艺术、美学、人文等方面来解读耀瓷，挖掘出它所蕴含的更深层次的精神内涵。本章内容主要为孟老师对青瓷、对耀瓷的自我认识及创作心得，其中包括对青瓷文化的理解、对耀州窑民窑性质的肯定，宋代耀瓷的独特艺术风格与其他窑口的比较，雕花、划花、贴花与刻花技法的前后承袭关系以及对耀州窑历史地位的评价等。孟老师不仅自己创作，而且还是一位在陶瓷界享有盛誉的古陶瓷研究家和鉴定家。尽管如此，孟老师总是有求必应，无偿地帮助收藏爱好者鉴别真伪，对于外人的不解，孟老师却自有一番道理；读大学时对窑神庙产生的兴趣使得孟老师一直耿耿于怀，多年来始终没有放弃对耀州窑神庙的研究，为做调查，更是几乎跑遍了全国的窑神庙遗址和古窑场。本章最后，孟老师谈出自己对青瓷的独特诠释——青瓷是窑变的产物，是磨砺着硬"炼"出来的生命之色，青瓷是中庸之瓷！

第六章 青瓷是练出来的——对耀瓷的认识和创作心得

刘：耀州窑陶瓷烧制技艺在2006年被选入第一批国家级非物质文化遗产，又是全国陶瓷里面唯一的一个中国民族民间文化保护工程国家试点项目。那么，作为研究耀州窑的专家，您对它有怎样的看法呢？

孟：耀州窑的第一次挖掘是在1959年，当时是陕西省考古研究所泾水二队的唐金裕担任发掘队长，1960年至1963年对耀州窑址黄堡镇、立地坡、上店村出土和陈炉镇重点调查的资料进行整理，主笔写出耀州窑址发掘报告，就是在1965年由科学出版社出版的《陕西铜川耀州窑》一书。值得注意的是，这是我们整个中国古陶瓷窑址考古的第一本挖掘报告，又是第一部陶瓷窑址考古专辑，也是陕西省考古研究所的第一部专著，还是陕西省的第一部专著，所以它可以说是世界陶瓷窑址考古的第一部专著。它对耀州窑兴于唐、盛于宋、没于元的历史进程和它的艺术风格、胎釉成分、工艺特点等作了科学论断[1]，这在当时是很了不起的，但是唐先生却因为种种原因流落于秦岭山中，晚年的时候得了眼病，导致双目失明，2003年的时候去世了。我这里还有几张很珍贵的历史照片，就是唐先生1959年在黄堡镇主持挖掘工作时候拍的。

> 《陕西铜川耀州窑》一书是我国古陶瓷窑址考古的第一本挖掘报告

> 唐金裕先生（摄于1981年4月11日）

这次挖掘之后，1973年的时候陕西考古研究所又挖了一次，后来1985年到1993年又进行了第三次大规模的挖掘。等于说耀州窑在上世纪50年代、70年代和80年代各挖了一次，挖了这三次，特别是最后一次时间比较长，面积大，出土的东西也比较多。所以说对耀州窑的挖掘从1959年到1993年，持续的时间最长，可以说历经了三代人，出土的标本数量也是最多的，这在全国的窑场都是没有过的。就全国陶瓷窑址来说，在窑址考古这一点上，耀州窑是遥遥领先的，对耀州窑的文史研究可以说居第二位，对工艺技术的研究应该在第三位

> 担任泾水二队挖掘队长的唐金裕先生（1959年5月摄于黄堡镇）

142

> 黄堡窑址出土的唐代三彩偶人（耀州窑博物馆藏）

上，但是在美学方面的研究就比较落后，甚至可以说几乎没有。耀州窑的造型、艺术风格是怎样形成的？它的美学渊源在哪里？所以这些方面还有待于去研究，发掘出它的美学原理。

因为，作为一种历史，我们今天去看，应该更多地关注它的文化的象征，那么代表文化的不光是它的工艺技术，在美学方面、艺术方面，应该靠近文化更多一点。我们所有的历史都已经成为一种文化现象，现在我们去看这种文化的时候，应该从哪些方面去看它？不光是在谈它的釉料配方、烧成工艺和它的窑口的历史，重点应该是在它所造就出来的艺术上的审美感受，还有人性上面的一些思考。

你比如说，耀瓷中碗盘的造型是最多的，这些造型折射出宋代的生活是多么丰富多彩，因为这些东西都是日常生活中需要的，又有那么多的造型，可想而知，那生活是相当繁复啊！通过这些器皿我们可以去想象宋代人们的生活是多么高雅，什么盏啊、洗啊、倒流壶啊，都是一套一套的东西，从这上面可以研究宋代的文化、社会状况。

你再看宋代耀州窑的斗笠碗，一个那么小的底托起了那么大的身子，忍辱负重啊，中国最善良最淳朴的老百姓就是忍辱负重啊，劳动人们，那真正善良的人绝对是忍辱负重；然后这造型、线条，那么饱满，那么流畅，就像人的品德一样，很自然；这个口呢，稍微包一点，叫做"敛口"，它底下张出来了，上面口沿又包了一下，做人不张扬，收敛一点嘛！再看梅瓶，你看它肚子很大，很有文采，满腹经纶，却是小口，不太好说，明哲保身吧！这些都反映出人性上面的一些因

> 黄堡窑址出土的唐代三彩牛车（耀州窑博物馆藏）

世代陶人 第六章 青瓷是练出来的——对耀瓷的认识和创作心得

> 黄堡窑出土的宋代青釉刻花缠枝菊纹壶（耀州窑博物馆藏）

> 黄堡窑址出土的宋代青釉器盖（耀州窑博物馆藏）

> 黄堡窑址出土的宋代青釉瓜棱执壶（耀州窑博物馆藏）

> 黄堡窑址出土的金元青釉刻花鸭戏纹枕（耀州窑博物馆藏）

> 耀县柳林出土的金代月白釉水注（耀州窑博物馆藏）

144

▶ 耀县柳林窖藏出土的金代青釉荷叶盖钵（耀州窑博物馆藏）

▶ 宋代耀州窑青釉刻花倒装壶（藏于陕西历史博物馆）

▶ 宋代耀州青釉六折葵口碗（陕西省博物馆藏）

▶ 耀县柳林窖藏出土的金代月白釉板耳盘（耀州窑博物馆藏）

▽ 宋代耀州青瓷镂雕熏炉（耀州窑博物馆藏）

▶ 宋代耀州青釉镂雕五足熏炉（耀州窑博物馆藏）

素：要留有余地，与人方便、与己方便。

刘：您的意思就是说，对耀州窑的研究应该多关注它在文化上的象征，它的美学特征以及它所反映出来的宋代的审美理想和社会因素等一些人文方面的信息，这些方面在目前对耀州窑的研究中是比较欠缺的。

孟：对，耀州窑目前的研究实际上是集中在文物研究上，对最能代表它艺术风格的刻花技法的研究都很少，在艺术上面几乎没有，美学上面更是零。耀州窑的造型、艺术风格是怎样形成的？它的美学渊源在哪里？我们可以通过对工艺技术、人文文化、民族地域特色等方面的研究去找到答案。而现在耀州窑研究做的最多的就是颠来倒去的那些历史事件、那几件出土文物。

刘：发掘出来的资料已经证明耀州窑在五代的时候烧过贡瓷，发现了五代带"官"字款的瓷片，《宋史·地理志》里面也记载宋代这个地方贡瓷器，那么对于耀州窑的性质，您是怎么看待的呢？

孟：我认为耀州窑的主流还是属于民间窑场。为什么有官窑和民窑之争？这是现代人的观点，我们不要把今人的观点和各种对社会的欲望以及一些浮躁的观点强加于宋人的头上。现在的社会，谁要是当了官那多红火，但是过去，我们只要看看宋代

▶ 宋代青瓷斗笠碗（耀州窑博物馆藏）

▶ 五代夜徼字款瓷片（窑址窑博物馆藏）

人的生活，宋人的心态是很好的，宋代的一些文化、思想都不断地在教育世人，让人知天命，知足常乐，安分守己，对生活充满信心，让人多行善事，教育你怎样做人。我们看得出来，一个陶工的心境是很平和的，他怎么会有投机心理，想着到官窑去发展？况且那时候皇权森严，一个庶民百姓他敢上京城去提吗？他敢说吗？这是第一点。

第二点，反过来说，耀州窑要不是民间窑场的话，它的发展规模、发展水平、艺术风格不会像今天这样辉煌灿烂。你看它好多纹样的结构、纹样的气派，是非常大胆、非常丰富的，完全是无拘无束的，如果真要让它带上官窑的紧箍咒，它敢那样做吗？这里面假如说有一个我们在景德镇说的"官搭民烧"的情况，它都会对这个窑场有污染。这整个窑场是青青的一方春天的青草，全是民间的苗子，没有一个红官帽子冒出来。

但是，据《宋史·地理志》里面记载："耀州……崇宁户一十万，县六：华原、三原、美原、富平、同官、云阳，贡瓷器。"这只是说耀州窑在宋代曾经向朝廷进贡过，尽管说那是一片绿汪汪春天的民间苗子，但不可能说做陶的人都是民间苗子，当官的人都是民间苗子，当官的里面还有想往上爬的呢！他要去上面报告，拿什么去进贡？就是拿这个地方最好的东西，那就是耀州窑的瓷器。但是进一次贡就能成为官窑了吗？肯定不是的。

五代的时候，耀州窑的瓷器算是比较早向宫廷进贡的，但是再早也早不过越窑，只能说是在北方来讲是比较早的。但是，在五代的史书里面没有像宋史这样明确记载耀州烧贡瓷的历史，却在窑场发现了标本，这应该说是最好的证据，比史书的记载还过硬，这个确实是耀州的东西，我们应该以事实为据，得出这样一个说法。截止到目前为止，耀州窑在宋代瓷器里面还没有发现一件带"官"字款的，所以有时候这个历史也很有趣，那边是书里没有，却在窑场找到了标本；这边是书里记载了，却在窑场找不到实物证据，那我们就只能信它，在《二十五史》里面都能找到这个记载，是引用最多的史料，应该来说是可信的。所以，尽管耀州窑在五代和宋代都曾为朝廷烧过贡瓷，但是它的性质还应该是民间窑场。

刘：耀州窑在唐代开始创烧，经过五代逐渐成熟，在宋代的时候达到了顶峰，被后人誉为北方青瓷的代表，那么它的代表性在哪里呢？

孟：耀州窑在唐代还是一个大杂烩的年代，风格还不确定，青瓷技术还不是很成功，是青瓷的萌芽状态；五代基本上就是奠定和开拓青瓷的风格，这时候的青瓷实际上已经占主要成分，釉色和造型都比较稳定，而且还做过官瓷，说明了当时青瓷的水平和社会对它的认可，从工艺技术上为青瓷奠定了基础，所以对于耀州青瓷来讲，五代是一个很重要的承前启后的时期。

但是，耀州窑主要还是在宋代。为什么呢？站在陶瓷艺术这个角度上来讲，艺术最珍贵的是什么？个性和风格。大师之所以能够成为大师，就是因为他创造了别的人、别的时代、整个时代、整个艺术家人群所创造不出来的面貌和风格，这就是艺术最高贵最难的东西。为什么大师少？大师也不可能太多，因为艺术上要出风格太难了，历史会给你一个评价。但是耀州窑这时候人家的风格出来了，当时社会瓷器的主流是青瓷，而耀州窑的主流产品也是青瓷。可是，现在对青瓷的研究处在一个怎么样的状态下？没有多少人专门去谈青瓷。

> 耀州窑青釉刻花钵（国家博物馆藏）

刘：您对青瓷的理解是什么？又是如何理解耀州青瓷的？

孟：我在(《我对青瓷的认识》)中写过这么一段话："青瓷是瓷祖、瓷纲、瓷父和瓷母……青瓷是人类改变物质世界、由陶转向瓷的第一个起点，是一切瓷器的鼻祖……青瓷是玉，玉是青瓷；君子比德于玉，做人做君子，做瓷做青瓷……青瓷是窑变的产物！是磨砺着硬"炼"出来的生命之色。"这是我自己对青瓷的一个认识和评价。东方民族都应该爱青瓷，日本人爱青瓷，韩国人、朝鲜人也爱青瓷，青瓷象征了一种玉的精神。

青瓷是"炼"出来的，为什么说是炼出来，而不是烧出来的呢？就是说它烧的时间很长，要将近100个小时，差不多四五天时间。陶瓷讲究的就是烧成气氛，还原还是氧化？一样的材料如果烧成气氛不同，出来的就是两种东西，还原气氛会出来还原的效果，氧化气氛会出来氧化的效果，都不一样。青瓷就是以铁为着色剂，在还原气

> 耀州窑凸花莱菔尊（国家博物馆藏）

耀州窑刻划蕉叶牡丹荷叶口尊（国家博物馆藏）

因不同窑位和火位而呈色不同的青瓷杯子

氛下，把高价铁变成低价铁的过程，所以青瓷实际上是窑变的产物。用现代技术观念，更能把它讲清楚。为什么我桌子上这些青瓷杯子每一个的颜色都不同，这就是窑位不同、温度也不同，这一窑和那一窑也不一样，它就是窑变的产物。我们要讲窑变的概念的话，真正的窑变概念就是这样，因为这不是我们人可以非常恰当地控制的。

如果用一句话来概括耀州青瓷，那就是：耀州青瓷是一个以铜川特有的高铁粘土质泥料手拉制坯、圈顶略平而体积不大的马蹄窑炉燃煤烧成、还原气氛下以铁作为着色剂、带有窑变性质、橄榄绿中闪黄为正宗釉色下有精美刻花或印花的地方性、个性极强的传统瓷种。

刘：那您认为宋代耀州青瓷它之所以能产生，主要是哪些方面的因素呢？

孟：它肯定是跟宋代陶瓷生产的大环境、宋代的审美风尚、陕西这块土地、历史的渊源和民族有关。除却它的地域文化和历史积淀，它里面还包含了我们陶瓷上面的很多工艺技术。

刘：那么，您觉得耀瓷跟全国其他地方的陶瓷相比，最大的特点是什么？

孟：耀瓷的个性比较强，它最大的看点还应当是刻花，冯先铭先生评价的"群窑之冠"，我觉得就很到位，耀瓷的刻花在当时一直到现在应该说都是一流的。

宋代有一件《牡丹唐草纹瓶》，现藏于日本大阪市立东洋陶瓷美术馆，我办公室墙上挂着的照片就是这件作品，我认为这是宋代耀州瓷里面最能够代表咱们陕西当地或耀州这块地域，最能代表耀州瓷精神的一件作品。方肩，敦敦实实的，像咱们西北人一样，非常朴实、老实，耀瓷的立件在造型方面最大的特色就是方肩，我们也在不断地学习方肩，学习怎么把方肩利用好。别看它造型简练，但是人家的刻花非常潇

> 宋牡丹唐草纹瓶（日本大阪市立东洋陶瓷美术馆藏）

> 北宋青瓷刻花莲唐草纹瓶方肩（日本大和文化馆藏）

> 青釉刻花缠枝牡丹纹瓶的方肩造型局部（耀州窑博物馆藏）

洒流畅，上面的牡丹纹又是一种富贵圆满的象征，所以，这件作品从造型和花纹上面，是最能表达耀州瓷和这一方土地人们的心理愿望的一个典型。

刘：定窑的瓷器也多是采用刻花这种装饰手法，您能比较一下这两个窑口的刻花吗？

孟：定窑的刻花跟耀州窑完全不是一个路子，首先它用的是双线刻，它的刀具简单，一般用平头刀，在刀口处打一个豁儿，刻出来就是一根细线条一根宽线条，它用双线刻。另外，定窑的花纹布局非常疏朗，就是简单的一个折枝花，不像耀州窑要么是二方连续，要么是适合纹样，要么是折枝花或者开光式的、团形的，比较复杂、繁缛。

刘：刻花这种装饰技法，它也有一个发展的过程吧？耀州窑还有其他一些装饰技法，比如划花、雕花、印花等，它们之间是不是有一些前后发展关系呢？

孟：如果要讲刻花的话，五代的雕花应该就是耀州窑刻花的一个前期准备。实际上宋代初期包括中期，雕花一直存在于这个窑场上，只不过雕花用得不多。因为从结构上来说，雕花的基本内容、纹样都比较简单，所以它所用的刀片比较大、宽，宽了以后，实际上对胎体结构是一个很严重的破坏，破坏了之后就很难成型。上釉的标准是釉面平滑、均匀，最后才能形成光滑整洁的表面，胎体也要整洁、也要平整，而雕花之后，因为刀具大而宽，雕出的图案使坯体表面起伏加大，特别是在一些花纹转折、拐角的地方，起伏更大。上釉的时候，素烧坯[2]一浸到釉子里，猛然吸水的时候要排出空气，而在这些花纹转折处因为空间小起伏大，空气就容易一下子憋在这里，釉子很难吃进去，空气再往出一排就把釉顶住了，浸不到拐角里面去，所以烧成后往往在这些地方就挂不上釉，釉面难以填平刀痕，就造成器物表面的不平整，因此雕花这种装饰手法后来就不太用了。刻花之于雕花，是一种装饰形式的改进，宽度和深度变浅了，胎体相对平整了。所以，明显可以看到，五代时期的雕花纹样基本上是图案化的，比如折枝花托、单枝花托，或者半边花头的变形处理，块头还是比较大，多施于器物外部或辅助装饰里，但在宋初的大块面纹饰上雕得很成功，其艺术效果相当恢宏。而到了北宋中期的时候，花纹就比较繁缛一点、密集一点。

另外，五代还有划花技法，实际上好些技法都是同时存在的，划花甚至一直到元代耀州窑都在用，只是数量很少很少，跟雕花一样。雕花的宽度和深度比较大，刻花就浅一点，划花就纯是单线描，线条完全是一个槽状的。划花实际上在宋代也有，但是很少，甚至比雕花还少，但相反，到了元代的时候，划花反而多了！所以历史有时候很有意思，这些东西都应该记录下来，将来说不定就需要借鉴了！比如我们当时跟李国桢先生搞耀州青瓷研究的时候，如果有以前的记载，那就不用走那么多弯路了。

五代的时候还有一个主要的技法叫做贴花。所以，五代它是雕、划、贴并用，前两者是直接启宋的，而贴花则是承唐的。贴花用得很精妙，应该说在艺术上和技术上都是让人感觉到很巧妙、很恰当的一种装饰手法。雕花和刻花用的都是减地法，把本身的结构减掉了一部分，而贴花是在一个平面上增加了一块，也造成了坯体表面的不平整，薄厚不均，烧成率就降低。但是人家这种贴花的图案都很小，很讲究，往往是贴在碗心，起到画龙点睛的装饰作用。这是最中心的地方，也是最要命的地方，为什么呢？因为这个碗呢，根据它的造型，在底部这个地方是厚了也不行，薄了也不行，厚了要裂，薄了也要裂，而它偏偏就在这个地方加一个点，因为这个地方是中心，往往在这个底上加一个小蜗牛或者小乌龟，这个地方稍微一厚就会裂，但是人家不裂，说明他们对工艺技术掌握得相当好。

在刻花盛行的年代，实际上这三种技法都有小小的一点点存在，但到了元代的时候，贴花、划花反而很盛行，又反过来了！刻花在北宋以前几乎是占统治的地位，到北宋末期的时候，随着生产和经济日益

世代陶人 第六章 青瓷是练出来的——对耀瓷的认识和创作心得

» 宋定窑白釉划花纹梅瓶（英国大维德中国艺术基金会藏）

» 宋定窑划花萱草纹玉壶春瓶（天津博物馆藏）

» 宋定窑刻花莲瓣纹执壶（天津博物馆藏）

» 青釉刻花缠枝牡丹纹瓶（耀州窑博物馆藏）

▷ 北宋早期耀州青釉雕花牡丹唐草纹水注

▷ 北宋早期耀州青釉雕花三足盖壶（陕西历史博物馆藏）

▷ 宋代耀州青釉划花缠枝纹盖钵（耀州窑博物馆藏）

▷ 五代耀州青釉划花四鱼莲纹瓶（耀州窑博物馆藏）

▷ 贴花技术 宋吉州窑青白釉印贴龟纹菱花口盘（香港徐氏艺术馆藏）

世代陶人 第六章 青瓷是练出来的——对耀瓷的认识和创作心得

> 宋代耀州窑印花母范（左）和公范（右）（耀州窑博物馆藏）

> 宋代耀州青釉印花缠枝菊纹碗和印花范（耀州窑博物馆藏）

发展，为提高生产效率，印花技术开始流行，刻花和印花可以说是平分秋色。所以说刻花还是应该集中在宋代，北宋是个高峰期，实际上靖康之变一完，耀州窑就没多少戏了！

印花法的主要工具是陶范，有的称瓷范，我觉得陶范更准确一点，因为印花范为保留一定的吸水能力，是在窑内低温区烧成的，所以是陶而不是瓷，如果要在高温区完全烧结成瓷范，就没有了吸水能力，印上去的坯就很难取下来。印花多用在敞口的碗、盘、碟、洗等器物的内壁装饰。制作印花范有两种方法，一是先拉成一个器皿，比如碗啊、盘啊，在坯内刻好花后烧出来，这是母范，然后把泥拍成片状，铺在母范花纹上用手密实地捣压，使图案印在上面，再将它们一起放到轮子上给这个范拉出底座来，等泥范半干后就可以从母范中取出来了，入窑烧出来就可以用了，这叫公范，可以直接用它来印坯！

刘： 那怎么保证这个陶范跟要印花的器皿一样大小，印的时候能正好吻合呢？

孟： 这个标准依据就是我在

≫ 宋代耀州青釉印花缠枝菊纹碗（耀州窑博物馆藏）

≫ 宋代耀州青釉印花缠枝纹碗（孟树锋收藏）

第六章 青瓷是练出来的——对耀瓷的认识和创作心得

> 宋代耀州青釉印花莲纹八角碟
> （耀州窑博物馆藏）

> 宋代耀州青釉印花莲鸭纹碗
> （耀州窑博物馆藏）

前面讲过的一种工具——"刮子",它就是规矩,一开始制作母范的时候就要与所印器物拉坯时使用的刮子大致吻合,这样做出来的公范大小才合适。这是第一种制范的方法,还有一种就是直接拉出一个公范,也要用刮子比着,修坯磨光后直接在上面刻出花纹然后烧成,这种范的工艺和艺术性当然没有第一种方法制的范好。宋代时候陶工制作印花范的技艺绝对高超,即使经过多次翻版,花纹仍然能风韵犹存。

刘: 宋代的美学风尚追求典雅平淡,追求意境神韵,因此当时各大名窑的瓷器多是在釉色上面做文章,追求素肌玉骨的釉色效果,而朴素无纹,少有装饰,像汝窑、官窑、龙泉窑等窑口;又或者是像钧窑追求"入窑一色,出窑万彩"的釉色变幻效果。那为什么单单是耀州窑在器物上刻画这种繁缛的花纹,而不是单纯以釉色取胜或者是像定窑那样只刻些稀疏的花纹呢?

孟:宋代也有很多窑口采用刻花装饰,但是只有耀州窑的刻花最为复杂、饱满,这可能与这个地方的地域文化和民族心理有关系。因为,这个地方比较偏远,耀州窑是中国西部最边远的一个民窑,再往西边就没有了,像宁夏的灵武窑、甘肃的安口窑,那简直都挂不上档,没必要来谈它们。耀州窑这个地方比较远,贫瘠一些,所以这里的人们希望多得到一些东西,希望什么事情都能够圆圆满满、团团圆圆,因此把很多东西都做得很满,加上这里的原料性质决定了它是湿成型,是在坯子半干的时候刻花,刻起来好进刀,做起来也方便。相比较而言,景德镇的刻花和定窑的刻花,多半是坯子干了以后再刻,进刀就没那么容易,刻起来就费劲,因此不适合刻太复杂的纹样。湿刻法只有耀州窑一处。

刘: 北方不都是粘土质的制瓷原料吗?性质不都是差不多吗?定窑为什么不是湿刻法?

孟:定窑应该说在北方瓷区里面是最特别的一个。关于定窑的原料,我后来查了一些资料,我想证实一个猜想:定窑在整个北方粘土质的瓷器里面,是一个怪圈现象,它不应该属于粘土质陶瓷,而应该属于瓷石质陶瓷。为什么呢?它是干成型,这是第一点,在这一点上它同于南方;第二点是它的原料近乎于一元配方,跟浙江、江西、福建这些地方差不多;第三点是它的胎体透明,好的定窑瓷器跟景德镇湖田窑出的几乎是不差上下,而且成型也很薄,你像宋代定窑的瓷器非常薄,甚至不亚于薄胎瓷,粘土质的陶瓷是不透明的,也不太容易能做得这么薄。

我给咱们北方的白瓷,包括耀州的白瓷,起了一个名字叫做"假白瓷",为什么是假白瓷呢?它有三个颜色层次:第一个就是带咖啡色的有点红的颜色,这是胎的颜色,胎的颜色比较深一点;第二层是化妆土,化妆土一上它才能白;然后第三层是透明釉。这肯定是假的嘛,它的本质不是白的,是用一层化妆土伪装了自己,人家真正的白瓷从胎到釉全是白的。

我在一篇文章中写道:"其实长江以北黄河两岸的北方,自山东淄博市淄川区寨里窑北齐制出最早的瓷器到如今,北方传统陶瓷90%以上因原料特性而使用的技术是化妆土技术。"我没有说100%,就是把定窑抛到外边去了。实际上河南、河北、山东、山西、陕西几乎都是这种模式,南方个别地方也有用化妆土的。所以说定窑是一个特殊现象。

刘:在这几次的采访过程中,我看到经常有人登门或者来电话请您给他们的瓷器做鉴定。有意思的是,这里面有卖肉的小贩,也有地税局的局长,形形色色的人都有,铜川这里爱好收藏的人还挺多,他们都是慕名而来的吗?给别人看了这么多瓷器,有真的,也有假的,您自己都有哪些体会或者收获呢?

孟:(笑)有的是朋友,有的是自己找上门来的,时间长了,他们一有东西就拿我这来让我给看看。现在这个老窑瓷正是一个大家丢失了的东西,本来收藏是少数人的事情,我们现在是盲目地热,多数人都是在盲从,而且大家的焦点呢,都重在明清官窑,就是景德镇的瓷器,景德镇有多少东西?而对唐代的、宋代的、元代的,一般的窑口都不太重视。不过,现在随着人们对古陶瓷的不断认识,随着收藏热度的提高,人们也开始意识到古陶瓷的收藏价值,特别是耀州窑的东西,随着耀州窑知名度的提高以及它的历史地位的恢复,收藏的人越来越多。

我现在不断地给人看东西,看古陶瓷,而且都是免费的,有的人觉得不可思议或者有什么猜测,其实我从这中间得到了很多益处,这个益处在哪里呢?我们谁都不敢说我们脚下的这块土地到底埋了些什么东西,光瓷器这一项来说,名窑就太多了。只有一个办法,就是多看、多问、多见。我去给人家看东西我不收钱,很多亲人都不理解,我自己是这样想,多见一些东西,看一件是一件,人家是一个台阶一个台阶地上,我是跟纸一样,一层一层往上糊,我们一层一层慢慢地进入这个窑场,去抚摸它,去体验它,来增加我们对它的了解。

刘:通过给别人看东西,加深自己对古陶瓷的理解和研究。

孟:对。你要看好一件鼎盛时期的耀州青瓷,那要从各个方面来了解它,哪怕它没有一点点花纹,也许它就是一个素面,素面展现的无非就是两点:一是它的造型,二是它的釉色。我们再透过这两点看它里面的东西,看它的拉坯,坯子的结构,从底足一直到口沿上面,从结构上的合理性,从视觉上的舒适感,从艺术上的美感,是否都达到了最佳的程度。再去想一想,这样的坯子要用怎样的泥料来完成?要是泥不好,这东西能做得这么好吗?再去想烧窑的过程,匣钵不做好,装窑的人不装好,烧窑的人不烧好,我们能看到这好东西吗?要有这样一个联系它的全部工艺程序的思路,你仔细地去想一想,这么一件好东西出来是多难哪!很可能拉坯的人是绝对的大师高手,但是练泥巴是的下里巴人,很可能练出来的泥你拉上去的坯就歪歪扭扭,很可能揉泥的时候没揉好,泥里面有气泡,很可能装窑的时候又出什么状况,因为它是要经过几道工序才完成的。咱们做陶瓷讲72道工序,一步一步的,一个脚印一个脚印的,假如说这个陶瓷到最后一把火没烧好,这个毛病是综合的,说不定是釉料没配好,拉坯没拉好,修坯没修好,哪一个动作不到位最后都能出毛病，所以必须要一步一个脚印，必须要较真。可想而知，这么一个好东西，它从这几道工序出来，大家的观念意识几乎是在相同的水平上，那是默契的合作。

我们一直在谈艺术，艺术是什么？艺术是人创造的，首先要谈人！梁任生先生在陶院讲课的时候，讲过这样一句话，他说陶瓷是一个集体的创作。这句话倒不一定很对，它更偏向于今天的工厂化生产和规模经济，或者大型作坊，而对古时候的小型作坊，一家一户的作坊并不适用。你想：过去一家一户做的时候，从加工原料、成型、施釉、烧成，全都是一个人，你能说它是集体的智慧吗？现在作坊大一点，当时咱们讲黄堡镇"十里窑场"，这十里窑场那么大的地方，不一定全都是一家一户的小作坊，很可能你家雇了三个长工，我家雇了十个长工，很可能有这种情况，大小差异，当然雇几千人有个工厂那是不可能的，但最起码人家有十几个人，这就算是一个集体的智慧。就这个地域来讲，你可能是东边的，他可能是南边的或者西边的；你可能是男的，她可能是女的，但是在做这件陶瓷的时候，大家都要步调一致。能出来这么好的东西，当时大家都是步调一致的，在今天讲绝对是群众的智慧，是集体的智慧。当然，现在的陶艺家是独立完成作品的，但这只是对于个性陶艺而言，对于一般的陶瓷制作，从原料加工、泥料的配制，到最后的完成，整个都是群众的智慧。

所以，这个陶瓷啊，有时候你遇到一件很好的作品那是很难很难的。我们自己做陶瓷，截止到现在，能做好一件作品也都非常满意了，好多东西都要烧十遍八遍，不停地重复烧，才能达到理想的效果。为什么说古瓷卖那么高的价，它能做那么好，而且又能保存下来，去哪里找啊！像一个坛子，在千年的使用之中，它竟然没有被磕出一个小豁儿，千年之中，数易其主啊！小媳妇用，老太太用，显然是传世的。这瓷器跟人一样，是有命运的，有些人上战场，从打第一仗到最后退下来，那枪子儿就是没挨着皮；有些人刚上去，还没放一枪就被敌人撂倒了。有些瓷器刚出窑，你一看比其他的烧得都好，说不定往筐里装的时候，装偏了就掉地上摔碎了呢，还没进入市场就碎了；有些瓷器进入市场，用了一千年，没损一个坑，这就看自己修自己的造化，自己修自己的命，所以我讲这个瓷器是有灵性的东西，人家玩玉的人说玉有灵性，我们做陶瓷的人就说陶瓷是有灵性的。

刘：的确是这样，陶瓷本身就它的材质来说，就是易碎易碰的，流传下来很不容易。

孟：所以，你想，这样的好东西，能经过这么多道工序生产出来，又经过了一千多年，我们现在还能再见到它，还能摸摸它，从这里边你再去分析思考。你必须见到这个实物，你才能沿着这条线去分析，这就是我愿意给人看东西的原因。我看别的地方的东西，拿我们耀州瓷跟它们做比较，由这深入到耀州瓷。另外前面我也讲了，《宋史·地理志》里面记载耀州贡瓷器，但到目前为止还没发现瓷片，我自己的看法是，我们在外边看到的东西要比我们在当地看到的东西精彩十倍以上。因为这里是个窑场，扔在遗址上的东西都是做坏了的，好的东西都拿出去卖钱了，所以外边的东西要比里边的好。既然作为贡瓷，就是做好

159

了以后送出去，做坏了的很可能就地销毁，都不知道弄哪里去了，就算上面有款，那也可能是被摔成碎片了，也很难找见拼到一起。所以，我一直给人看东西，说不定有朝一日猛然发现了一个带有宋朝底款或者宋朝官员、皇宫名字的瓷器呢，这不就等于说"贡瓷器"有了证据嘛！我总想找到比如像五代的瓷片直接下面有"官"字款的宋代耀瓷，我想宋代"贡瓷器"的那部分进贡的

> 孟老师都是用蝇头小楷给收藏者写鉴定

瓷器，它肯定也有一个明显的标志区别于民窑的东西，要不然怎么区别呢！

假如说我清高，我是专家，看一个得多少钱，我给你写鉴定都行，这样找我看的人就会大大减少。现在我不但自己看，我还自己写鉴定，我倒觉得现在好多做鉴定的人都没有我这样认真的态度，我给人写的那些鉴定都是用真正的蝇头小楷写成的，我不没收一分钱，因为这是一个锻炼自己的过程，只有自己这样看过以后，才能钻进去。

刘：现在一些仿造者的技术水平越来越高，一些高仿的瓷器看上去也越来越像老的东西。您在鉴定的时候，主要是从哪些方面来判断呢？

孟：这个是多方面的，仿的东西跟真的老东西，无论是在造型、底胎、釉色还是一些装饰技巧上面，都有差距，乍看上去或许挺像，但是我们这种跟陶瓷打了几十年交道的人，一看就能看出破绽来了，越是细节的地方越能见精神，做假的人在这些细节上就做不到位。比如说陶瓷上面有一种叫做"出筋"的手法，出筋有几种形式，有一种形式叫做"落台"，就是落下来一个台儿，下一个台阶再下一个台阶，一般情况是下一个台阶，形成一条凸起的棱线，上完釉之后，因为这条棱上的釉薄，最后出来一个造型上的起伏变化，忽然跳跃一下，但是跳得太多了也不行。出筋讲究淡雅、朴素，在这里面见精神，总体上有个很见精神的表现，各个窑场都有这种表现形式，特别是落这个台啊，有的落得很巧妙。就像张仃先生原来评价过一个盘子，里面什么都没有，就有两条出筋的线，他说就这两条线，有无比的快感在里面。但是老爷子他也不知道，这两条线是在轮子上打出来的，肯定很圆嘛，肯定有速度在里面嘛，它就是这种工艺形成的，如果是拿在手里打的话，哆哆嗦嗦，肯定就不流畅不圆滑，也就不美丽。在轮子上速度很快，线条就非常

▷ 仿曲河窑珍珠地老虎瓶
高 390 毫米 直径 195 毫米
（孟树锋 1985 年作）

> 宋代耀州青釉刻花牡丹唐草纹玉壶春瓶（日本MOA美术馆藏）

流畅，所以有快感在里面。大艺术家他能欣赏到这个东西所表现出来的内涵，但是却不了解它所形成的工艺过程，假如说既能欣赏到这种美感又能了解它的工艺过程，那就更完美了。就落这一个台，做了那么一点点处理，全部光堂堂的也没什么意思，就在小处来那么一点点小的变化。就这点小变化，很多仿造者就是水平再高，也仿不出这个味道来，仿不出这里面的精神来。

宋代的瓷器，在造型上面有一个把直和曲结合得非常完美的形式，因为直的太直了，曲的又太弯了，怎么样把直和曲能揉合得那么好，这就是橄榄形。橄榄形就是方中带圆，圆中带直的一种造型，看起来是圆的，实际上里面又有一种精神在里面，它不是软绵绵的弧线，它还有直的在里面，你说是直的，它又有圆的，耀州窑用这种造型非常多。宋代早期曲河窑有一个老虎瓶，线条处理得非常到位，说实在的，就是一根线条，人家能处理出那种味道，你要让我们上辘轳车上拉或者修，你做一个试试，那真是难！

宋代还有一个常见的造型就是玉壶春瓶，老的东西它的转折曲线直线有一点区别，说得比较清楚一点，它最大的部分也就是它的大肚子是坠到下面的，所以在宋代包括元代，这个玉壶春大肚子坠到下面就是它的一个时代特征。而新作的呢，往往全部是很光滑的流线型，没有一点变化，也没有注意到大肚子往下坠的特征，这些细节性的东西都没有注意到。底部呢，新作的专门修出来那种螺旋纹，是故意做出来的，而宋代的就是很自然的，没有那种仿出来的痕迹。最主要的是在釉色上面，宋代的釉光，因为火位高，是用大的煤窑烧造，釉光变化得就比较好、比较亮，而现在用的多半是气窑，釉子是做旧的，看着朦朦胧胧的就不好。再一个就是上面的一些花纹，假如是一件剔花的瓷器，它的花纹就不如宋代的布局合理，因为一个什么样的造型，用什么样的纹样，装饰在什么位置，讲究的是装饰纹样和造型的配合问题，装饰的位置都要非常恰当，新做的就没有老的那么恰当；剔花的花纹也没有老的那么流畅，因为新的是仿照老的在做，而老的东西呢，我就做这一个花纹，我要做好长时间，那就是手里边的活，都非常熟悉了，做起来非常流畅，它还讲一些趣味性的东西，因为都是单件制作，有时候可能制作者的兴趣来了，出一些别出心裁的装饰效果。这些都是仿造者做不出来的，也仿不到的。

另外，宋代的燃料源是煤，煤、石油液化气、天然气这些燃料里面碳离子最强的应该是煤，你像我们今天用的石油液化气属于丙烷，天然气属于甲烷，这里面的氢离子多，渗透能力强，受它影响呈色就不一样，所以用煤窑烧出来的效果就能看出来。打个比方的话，我们吃的完全没有一点化肥纯用传统的耕作形式种的蔬菜和大棚里面的用营养水啊、激素啊催出来的蔬菜是不一样的，是两种味道的。而且现在做假的人图的完全是经济利益，不可能下那么大的功夫，几十年做一件，那不亏老了，包括我们很有事业心的专业人士，都未必能下那个功夫。比如刻花完全是单件制作，一定是靠你自己的阅历和不断的重复、重复，不断制作几十年，即使闭着眼睛都能达到非常熟练的程度，那才能出来那种活灵活现的表现水平。如果是仿的话，是按照人家的纹样仿出来的，就没有神韵在里面。

这些都是古陶瓷鉴别时要注意的一些细节，也是自己几十年研究古陶瓷积累的一点经验。

>> 金元耀州姜黄釉刻花玉壶春瓶（耀州窑博物馆藏）

第六章 青瓷是练出来的——对耀瓷的认识和创作心得

刘：您是一位很全面的专家，从自己创作到史料研究再到古瓷鉴定，您不仅对工艺技术非常精通，而且对泥料、釉料这些原料的配制，还有窑炉的工作原理，装烧等情况都非常在行，很全面。现在像您这样的专家真的不太多。那么，通过您对耀州窑这么多年的研究，您觉得耀州窑在中国陶瓷历史上应该占一个什么样的位置？

孟：讲耀州窑的历史地位，应该把握住两点。第一点就是咱们陶瓷史里面讲的六大窑系[3]的成立，它对陶瓷的贡献是传播的地方多，形成了一个庞大的民窑体系。黄堡镇的窑神庙碑也曾经传到全国七个地方，河南当阳峪窑的窑匠都跑到这个地方来看，他不光看神嘛，肯定也要看这个地方的陶瓷。从当阳峪的情况来看，人家那里也有做陶瓷的，那为什么要跑到这个地方来请窑神呢？实际上我认为，无非是因为耀州这个地方的窑神是当朝天子册封的嘛，当然要跑到这里来请神呀！可能还是心理上的作用，不光光是学习技术，也要顺应潮流。这个也是耀州窑对全国陶瓷的一个贡献和影响。

第二点就是日本人对耀州瓷的评价——"北方青瓷的代表"[4]，这确实是一个非常客观的评价；"宋代青瓷刻花之冠"是冯先铭先生的评价[5]，这是对全国陶瓷而言。

说起窑神庙来，我对窑神庙一直是耿耿于怀的，因为我家就在窑神庙旁边，我们小时候就是在窑神庙里面玩大的，所以对窑神庙的印象很深，后来真正引起我的兴趣是我到陶院念书的时候，梁先生不是提起我们那窑神庙里面的碑子多么有名气嘛，他其实说的是黄堡镇的德应侯碑，不是陈炉窑神庙里面的碑子，但是当时他这么一说立刻就引起了我的兴趣。

后来我对各地的窑神庙做过调查，考察过全国好多窑神庙，包括日本的窑神庙。我写过一篇关于《德应侯碑》的文章，真正开头是从1995年开始的，后来断断续续写了差不多有两年的时间，1997年的时候，我给我母亲卷墓，到那个时候停下来了。当时还有一个原因，就是《德应侯碑》从这里传到了全国七个地方，我差不多把传到的那几个地方都看过了，就剩山西介休窑还没去，我想把《德应侯碑》从文学、艺术、历史、技术等各个方面，包括汉语言、断句，全方位地做一个分析，我要把这全部的588个字细细地做一个分析。中国碑石记载陶瓷历史有三块最著名的碑，《德应侯碑》是其中之老大，价值非常之大，立碑于大宋元丰七年九月十八日，即公元1084年；第二块就是当阳峪窑立于崇宁四年，公元1105年的《百灵庙记碑》；再一块是清朝山西介休洪山的一块碑石。咱们这块《德应侯碑》是太原人出钱修的，他们选人选得很严格，选的是三秦张隆，我一直在查找这个张隆是何方人士，肯定是陕西人，但是陕西什么地方人还没有查到，碑文写得真好。我一直极力倡导，《德应侯碑》是一篇美文。2006年6月份在浙江慈溪开会的时候，我就讲我们这个《德应侯碑》是一篇美文，得到了一些呼应。"……始合土为坯，转轮就制，方圆大小，皆中规矩。然后纳诸窑，灼以火，烈焰中发，青烟外飞，锻炼累日，赫然乃成。击其声，铿铿如也；视其色，温温如也……"语句运用得特别好，形容得非常形象，今天的散文写到这个程度也不过如此。我停下来还有一个原因，就是我更侧重于对它们窑口之间的作品、产品做一个对比，要从工艺技术方面做一个对比出来。你说这个地方虽然有联系，但是在它们的制品上面很难找到联系，或者说它们制品极其相符，或者不相符，那么为什么相符，为什么不相符？我就要拿实物来做证据。大概整了一两个地方就停下来了，我还想去山西看看介休窑，想把那边的情况掌握一下。因为有《德应侯碑》的其它那些窑场我都考察过了，而且都搜集到了瓷片标本，我可以直接对比，就差介休窑还没有去。

刘：您刚才说耀州的《德应侯碑》传到了全国七个地方，除了山西的介休窑，另外六个地方是在哪儿？

孟：实际上是六个地方，还有一个地方是我自己加上的，这个最后还没有落实。上次在甘肃开会遇到了内蒙群艺馆的馆长，提起了这件事，竟然有一个百灵庙是在内蒙古那边，因为耀州《德应侯碑》里记载的柏林这个名字传出去之后都叫百灵或者柏灵。我是在1980年的时候看《金陵春梦》，这本书里面有百灵庙这样一个名字，后来我就托比我低一级的在内蒙古师范大学任教的校友帮我拍点资料什么的，那个百灵庙可能完全是名字上的雷同，它和柏林没有任何关系，因为那个地方出百灵鸟，所以叫百灵庙。抗战的时候在那儿打过一仗，《金陵春梦》里面记载的也是百灵庙大战，我是纯粹看这个名字，但是我对它还不死心，我就想它能叫百灵庙，是不是和这个柏林有关系，因为在河南几个地方的柏林庙都是清代立起来的，那它和内蒙这个是不是应该说有一点点关系呢，还要实际去看一下。这样算起来就是七个，实际上是六个：河南宜阳窑、神垕镇钧窑、禹县的扒村窑、河南修武当阳峪窑、河南汤阴鹤壁集窑，还有一个就是山西的介休窑，六个差不多都有碑文，看起来这个窑神是一个体系。要是再到江苏的宜兴，还有景德镇、山东、福建、广东、或者浙江，它们的窑神又是另外一个体系，跟这边的这个窑神体系不太一样。

《德应侯碑》最早是从黄堡镇传出去的，特别是，河南当阳峪窑窑神庙里的《百灵庙记碑》的碑文上面写的就是"乃始耀郡立祠，遂蠲日发徒，远迈耀地，观其位貌，绘其神仪，迺立庙象于兹焉"。这个记载就确确实实地说明了当阳峪那里的人曾经不远万里跑到铜川，不然哪里会有"观其位貌，绘其神仪"呢！肯定是耀州这个地方立了祠堂以后，他们那里的人专程跑到这来"绘其神仪"，回去以后才把庙立起来，那就说明他们直接派人来过这里。但来的人是为了请这个神回去呢，还是真正派技工来这学习呢，这些都搞不清楚，我们今天只能说借助两个地方同时期的产品来做一个比较，看看是不是确实有过工艺技术上的交流。实际上要真正把两个地方同时期的东西拿出来比较的话，两者并没有多大关系，那说明一个什么问题呢？那只能说明他们纯粹是从宗教意义和行业神的角度来进行交流的。因为德应侯是皇上册封过的，它们处在同时期，耀州的碑是公元1084年，而当阳峪的碑是公元1105年，那就晚于耀州窑20多年时间，而耀州的碑是皇上册封过的唯一的证物，他们处在同一个朝代的时间段里，皇上册封的是一个朝代的，那耀州的这个碑就是最正宗的，因此，他们就来这里请一个专业的行业神回去。所以你看当阳峪碑上面描写的话，它实际上跟陶瓷的技术和工艺没有关系，它只是对庙、对神而言。"观其位貌，绘其神仪"，把这个庙的方位和神像的样子描绘下来，把它请到自己那里去。要是这样推断的话，我自认为我的解释是最有道理的，说明他们走了这么一条路，把神请了回去，那么他们那里也相当于是皇上册封过的了，这样的话自己的产品好推销嘛！但是做陶瓷还是要面对现实，要根据当地的资源情况和技术情况以及生活情况来做东西，所以在产品上、工艺技术上跟我们这里没有过多的交流。

  我一直想在窑神这方面写一个东西，但是之前写的那文章已经停下快十年了，那些手稿都还在。但是现在个人出书还是比较难，所以就放下了，后来我想干脆再等一等吧，因为有些时候，我们在当时的想法可能跟后来的想法还是会有些差距，有些不太一样。自己前面写过的东西，隔了好长时间再去读再去看，可能还会有一些不同的想法，我就再等一下，最终还是想把它完成。现在可以说已经完成一多半了，后面只是说再把它们这些地区产品的类型啊、工艺技术啊，做一些对比，还需要一些图片。我前期的这些资料里面没有很多图片，因为当时我考察这些地方的时候，自己还没有相机呢，设备不像今天这么方便。后来我想开着车把这些地方再走一遍，拍些图片，还有一部分标本的照片可以比较一下，这样争取做一个图文并茂的东西。只能说再等等吧，看看以后有没有合适的机会再把它捡起来，如果能完成的话，那么对窑神专题应该说还是一个比较系统的研究。

  刘：看得出您在学术问题上是非常严谨的。还有您的很多说法和理论，也都是以大量的事实作为依据的。

  孟：搞研究应该这样，也必须要这样，我们对待历史一定要客观、公正，要对历史负责。我们的陶瓷界制造了好多的冤假错案，包括有些所谓的什么专家，睁着眼睛说瞎话。你说《德应侯碑》碑文的588个字里面，没有一个南字，没有一个形容南的字，非有人说这柏林是南方人，而且说是越窑的人，跑到这边来的，说耀州窑是越窑的直接继承者。拿什么来说的？没有这样的事。可是专家这么一说，后面的人也都跟着这么说，这样的东西贻害无穷啊！三人成虎，到第三个人这就成了事实了，不知要害多少人！

  碑文上有"晋永和中，有寿人耳"这几个字，所谓"晋"是一个朝代，而且刚好有一个"永和"年号，如果当作时空关系来讲，它是晋朝的永和年间，但是山西也简称晋，也刚好有一个永和县，永和县也就出陶瓷嘛，所以当作地名来讲也行，当作年号来讲也行，究竟是时间还是地名谁也说不清楚，到现在还没有一个定论。很多人倾向于晋代永和年间这个解释，但是晋代的东西至今也没有发现，没有拿出来证据，那为什么要肯定是这种解释呢？所以，学术界有好多这样的情况。

  说柏林是南方人，最先是日本大阪一个美术馆的馆长蓑丰在《论磁州窑系陶瓷》中提出来的，也不晓得他这么说是出于一种什么意图，我倒很想请教一下这位先生是从哪里得出了这样的结论。他可能就是觉得耀州瓷的釉色啊、风格啊，跟越窑有点相近，就说是从那边过来的。

  我对越窑始终有一个怀疑，为什么要说耀州是继越州之后呢？它们两个的造型、釉色、花纹、装饰风格都不太一样，为什么要这样说？自从2006年6月份我去浙江开会看了越窑的一些窑址之后，略微有一点点明白，它们是有一点点相近的地方，但相去甚远，这个必须要从实物标本上面的差异找原因，所以说，讲耀州窑是直接继承越州窑，我觉得这个理由不充分，难以成立。但是现在好多人热中于这样讲，而且很多人也认可这种观点，你要去扭转这个事情吧，第一可能是扭转不过来，第二可能是也没有多大必要。学术嘛，本身就是百家争鸣嘛，仁者见仁，智者见智。越窑盛于唐、五代，宋代就灭亡了，而耀州是宋代才兴盛，越窑开始烧造的时间要比耀州早，汉晋的时候就开始了。

刘：耀州青瓷的釉料到底是什么配方呢？

孟：这是我不太愿意点破的地方，中国的陶瓷你说那么复杂，其实就那么简单，就两个单元：一个黑釉，一个白釉，黑釉和白釉一配，就是青釉。一般的人不知道这个道理，包括李国桢先生，他们都是这个配那个，那个配这个，配出来的，你说唐代的时候、宋代的时候哪有那么多的配比？什么一元方啊、二元方啊，什么氧化铝啊、氧化硅啊，哪里有这些东西？很容易的，黑的和白的，两个一配，就是青釉。

刘：那为什么宋代以后就烧不出来了呢？

孟：没有了那种窑炉技术，烧不出还原气氛，窑炉盲目地扩大，那么难于控制，就是把宋代人的本事拿到元代，这样的窑炉也烧不成。我们的陶瓷也是通过平面思维，一个阴一个阳，一个软一个硬，大概取一个中就成青瓷，所以我们的青瓷就是中庸之瓷，说青瓷是瓷纲、瓷母啊，实际上青瓷就是中庸之道。一个黑的一个白的，这是两个极端，把这两个一合就是青瓷，中国人最讲中庸，中庸之道是什么，就是我们的青瓷。包括李先生他们也没太在一线上实践过，实际上做到一定阶段的时候这是很容易的事，他们恢复的时候就是配出来的，沿着龙泉的路子走，非常艰难。他们受过正统的训练，又是做基础理论研究的，他们一定要讲究配位场的合理，配位、价位，他们讲究那些东西，实际我们经验的东西两个一对就行了，这是我们真正在技术上的一种贡献，算是默默无闻的一种贡献吧！我琢磨到这种巧妙以后，干脆就是直接两个一配，还原气氛一烧就行了。我想让颜色重，我把黑釉加多一点，想让颜色轻，把黑釉加少一点，不知道的人搞不懂这是什么技术，其实这是很容易的，说穿就那么一回事。就像道家讲的："道生一，一生二，二生三，三生万物。"它实际上很有道理的。

附：宋元丰七年《德应侯碑》碑文

宋耀州太守 阎公奏封　德应侯之碑

秦张隆　撰并书及题额

熙宁中，尚书郎阎公作守华原郡。粤明年，时和政通，奏土、山神封德应侯。贤侯上章，天子下诏，黄书布渥，明神受封。庙食终古，不其盛哉！

侯据黄堡镇之西南，附于山树，青峰四回，绿水傍泻，草木奇怪，下视居人，如在掌内。居人以陶器为利，赖之谋生。巧如范金，精比琢玉。始合土为坯，转轮就制，方圆大小，皆中规矩。然后纳诸窑，灼以火，烈焰中发，青烟外飞，锻炼累日，赫然乃成。击其声，铿铿如也；视其色，温温如也。人犹是赖之为利，岂不归于神之助也。至有绝大火，启其窑而视之，往往清水盈匀，昆虫动活，皆莫究其所来，必曰神之化也。

陶人居多沿长河之上，日以废瓷投水，随波而下。至于山侧，悉化为白泥，殊无毫发之余，混沙石之中，其灵又不可穷也。

殿之梁间，板记且古。载柏翁者，晋永和中有寿人耳，名林、而其字不传也。游览至此酷爱风土变态之异，乃与时人传火窑甄陶之术，由是匠士得法愈精于前矣。民到于今为立祠堂，在侯之庙中，永报休功，不亦宜乎。一方之人，赖侯为衣食之源，日夕只畏，曾无少懈。得利尤大者，其惟茂陵马化成耳！岁以牲豚荐享之，又喜施财，为之完饰，此真所谓积善之家，宜乎有余庆者也。易曰："显诸仁，藏诸用"，正合侯之功矣！

隆退栖林泉之下，久不弄笔砚。一日，太原王从政至于门，且言马君事，侯之勒碑为文，刻诸石，将使万古之下，传知无穷。又皆知侯因阎太守而列位于王公之下矣。斯诚可纪，固无惜荒唐之言，直笔以书之。

大宋元丰七年九月十八日立石

镇将刘德安、张化成

三班奉职监耀州黄堡镇酒税兼烟火吕闻

茂林马化成施石立碑，男马安、马信、马明

太原王吉掌敕　看庙清河张昱　州人刘元刊

本章总结

宋代耀州青瓷的艺术特点可以简单概括为四点：一是富有玻璃质感的橄榄青釉色，青中闪黄为其正宗釉色；二是犀利洒脱的刻印花装饰技法；三是朴实厚重富于韵味的造型特征；四是丰富多彩的装饰纹样。可以说，此时的耀州青瓷在质地、造型和装饰三方面达到了完美统一，因此使得其具备了独特的艺术魅力而迎来了窑口发展的巅峰时期。而宋代耀瓷之所以能形成这样的艺术风格，或者说是什么使得当时的陶工们选择了这样的釉色、这样的装饰手法、这样的造型韵味以及这样丰富的图案来塑造他们的产品，原因是多方面的。

首先，宋代特定的审美意象及"韵"的美学思想。宋文化温文尔雅，精致细密，妩媚婉转，审美标准向文质彬彬转化，重意态和内在神韵，"韵"作为一个美学范畴，从最早用于书画领域，至宋代推广到了一切艺术领域，并且作为艺术作品的最高审美标准。典雅平淡是宋代艺术追求的最高境界，而宋瓷最能表现这一风格：造型质朴平易，很少有繁缛的装饰，色彩晶莹透彻，清淡雅洁，追求类玉的标准，与唐三彩相比，可见宋瓷之平淡典雅。受宋代这些审美、哲学因素的影响，耀州窑由唐代的种类繁多逐渐发展为青瓷成其主流产品，且釉色如玉，陆游对其有"类余姚县秘色"的评价。造型特征也迎合宋代这种审美风尚，稳重大方，充满韵律。

其次，陕西当地的文化特性与人文性格。关中地区的地域环境及历史变迁所造就的人文性格，质朴敦厚，受周围游牧民族的影响，孕育了古朴粗犷的艺术风格，审美趣味朴实，又因为古耀州处地偏远，耀州窑是历代名窑中最西部的一个窑口，较为贫瘠，当地人们遇事渴望团圆、圆满，因此在装饰纹饰上，不同于定窑、景德镇窑等其他窑口刻花纹饰疏朗的特征，而多为二方连续或适合纹样，属于繁缛饱满一类。

再次，工艺技术方面的因素是风格形成之基础。当地黏土质原料可塑性强，强度高，但收缩率大，因此采用湿成型的成型方法，这使得陶工们易于在泥坯上刻划复杂繁缛的纹饰；釉料烧成后具有透明的特点，釉层较宜、汝窑薄，气泡含量较少，胎上的刻、印纹饰通过釉层可明显的露现出来；宋代马蹄窑窑炉的结构完善合理，可以烧较高的温度和还原气氛，并且宋代耀州窑率先掌握了燃煤马蹄窑烧还原焰的技术，使生产高质量的青瓷成为可能。

最后，宗教文化、世俗文化和民间文化在宋代和陕西地区的发展。莲纹、宝相纹等图案皆来缘于佛教的流传，牡丹纹、鱼纹、婴戏纹等则受当时当地世俗文化和民间文化的影响，传达的是民间大众祈福、求子等美好愿望。耀州窑的民窑性质，决定了其服务对象是广大普通百姓，当地陶工便自然而然地把这些民众喜闻乐见的装饰纹样作为了刻花的题材。

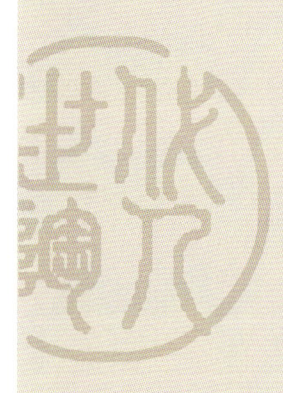

注释

[1] 自明嘉靖朝始,因官窑器所需量大,御窑厂无力完全承担官窑器的生产任务,因此将朝廷临时追派的烧造任务散搭于民窑烧造,并付予一定的工值,清官窑沿袭此制。

[2] 未上釉的陶瓷生坯的低温烧成过程称素烧,素烧后的坯称素烧坯,素烧坯上釉后再次入窑烧成成品,叫做二次烧成,素烧的主要作用是提高坯体的强度,减少损耗,并且能增加坯体气孔,提高吸釉能力,宋代耀州窑精致器物即是经过素烧后再施釉二次烧成的。

[3] 六大窑系指北方的定窑系、钧窑系、耀州窑系、磁州窑系以及南方的龙泉青瓷系、景德镇青白瓷系。

[4] 1978年日本著名古陶瓷专家佐藤雅彦先生在其撰就的《中国陶瓷史》一书中对耀州窑作此评价,并被陶瓷界所认可。

[5] 1982年我国古陶瓷专家冯先铭先生等在编著《中国陶瓷史》一书中,对耀州窑的刻花装饰技法作此高度评价。

第七章

古窑新生
—— 对耀瓷的继承和创新

MENG SHUFENG ON THE RUINS
An Oral History of the Chinese Pottery Art in Yaozhou

本章综述

采访地点：铜川陶瓷研究所
受 访 人：孟树锋（简称孟）
采 访 人：刘莹（简称刘）

　　通过长年的陶瓷创作和研究，孟老师对耀州瓷的了解和精通可以称得上权威。在本章中，孟老师向我们展示了他自己制作的刻花工具，并结合工具介绍了宋代耀瓷的刻花方法——一刀法和两刀法；对工具的细微改进以及对木刻的收藏和学习使他的刻花技术大有长进，刀面宽但深度浅，釉面漫平花纹且深浅有致；从兰花到青瓷，孟老师的作品极其丰富，前者带有典型的民间风格，后者刻花堪与宋人媲美。从大学毕业回到陈炉陶瓷厂到现在担任铜川陶瓷研究所的所长，20多年来，孟老师一直都在从事耀州瓷的研究和开发，主持了大大小小十余项科研项目，对当地的陶瓷事业做出巨大贡献；恢复了耀州青瓷；拯救了民间陶瓷；试制成功红底玉缕青瓷，解决了古老耀瓷的创新问题。2004年12月18日在北京人民大会堂，国家向他颁授了全国仅七人的"中国陶瓷名窑恢复与发展贡献奖"。作为首批非物质文化遗产代表作项目——耀州窑陶瓷烧制技艺的项目负责人，孟老师又开始承担起了新的工作，他系统策划了对陈炉老艺人的个案调查分析，用文字、图片、影像等手段把耀州瓷的整个工艺流程记录下来。接下来，他的目标是建立一个活态景观，复原宋代工艺流程，把传承和教学结合起来，培养新型的陶瓷艺术人才，并希望这个心愿能早日实现。

刘：您刻花的工具都有哪些？

孟：刻花的工具很多，这些工具都是我自己做的。刻花用的刀都是金属刀头，像这个平头刀，是单刀刻用的；斜角刀、斜削刀和这个拐角刀是两刀刻用的；还有这几个宽一点的竹刀是剔花用的；这几根大小粗细不同的竹签子是划花用的；还有这三根小细竹竿就是我做珍珠地用的；这根短的头上有个小花纹，是戳花用的；这五个是竹篦排划签，是用来做划篦纹的；这根是用铜丝做的"等子"；还有一个工具是我用来做凸线纹用的，这是把刷子的把手，我在头上开一小豁儿，很好用；这是我的一个印章，还有尺子，一根起稿用的勾线笔。这些工具都是我自己做的，有几个都已经用了将近30年了，可以看出来有些刀锋都磨薄了。传统的应该有两刀刻，但是我们当时试验的时候没有用两刀刻，那时候我们还不会两刀刻。

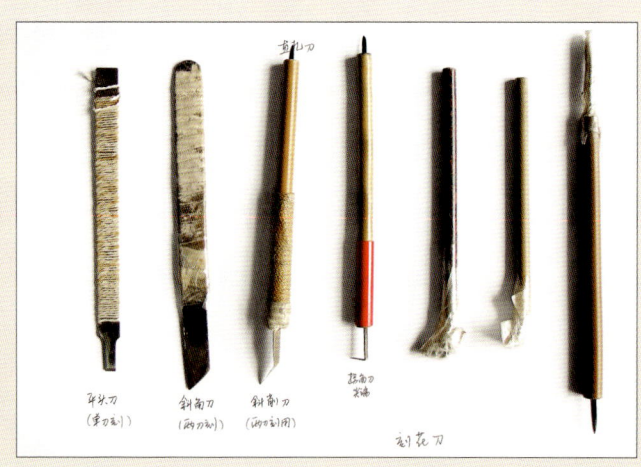

➢ 孟树锋的刻花工具（一）

➢ 孟树锋的刻花工具（二）

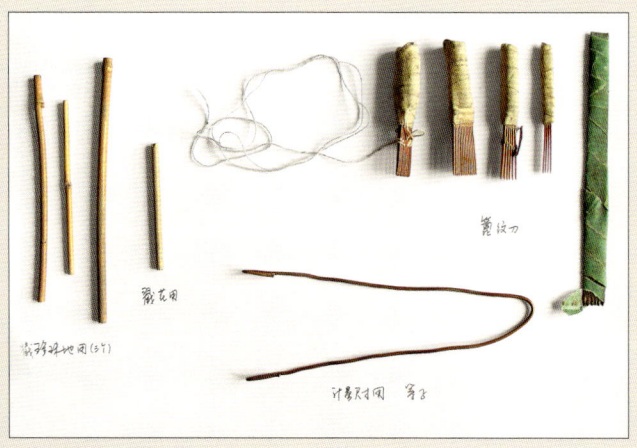

➢ 孟树锋的刻花工具（三）

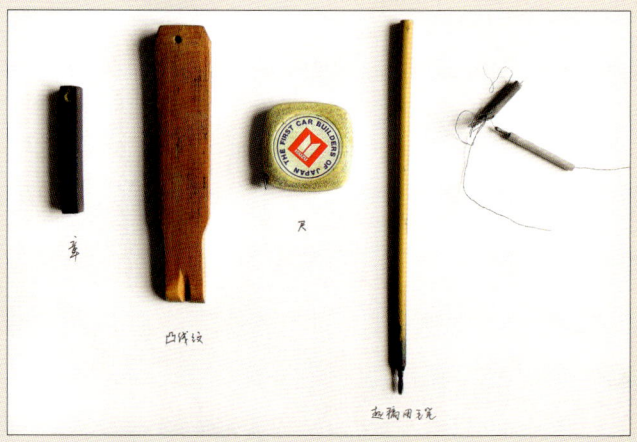

➢ 孟树锋的刻花工具（四）

刘：单刀刻和两刀刻具体怎么操作？各有什么特点？

孟：刻花是耀瓷最有成就、最复杂的一个方面，有一刀法和两刀法两种刀法。一刀法就是用这个平头刀或者斜头刀在坯体的表面以垂直稍斜的角度直接刮刻，线条的宽窄粗细都由刀的用力轻重、吃泥深浅、刀度正斜和纹饰结构的需要来决定。这种技法多用在碗盘一类的常规产品上，用来刻较简练的纹饰。一般来说，因为一刀法技法、纹饰比较单纯，再加上操作的人熟练程度高，刻得速度快，体现在线条上，就非常地流畅犀利、很潇洒，这是一刀法的特点。

两刀法跟雕花有点像。雕花是先用尖细刀在纹样的边线上与坯体垂直方向扎划一刀，再用宽斜刀或弯斜刀沿扎线外一定宽度处与坯体平行削一刀，这一刀跟第一刀的刀痕底部相交，然后再按线条走向把泥雕下来，这叫做"半刀泥"的线条形式。刻花的两刀法跟雕花相似，只是第二刀吃泥比雕花窄浅，"半刀泥"线条在行进中有宽窄深浅的变化，在坯体厚薄的承受能力、刀痕完成纹饰的深浅程度、施釉烧成后釉子漫平器面的处理等方面的组合更加科学。从现有的重大题材和重点造型的器物资料来看，大多是用两刀法完成的，所以，两刀法是耀瓷装饰技术中的重头戏和精工之作。

≫ 仿宋耀州窑雕花牡丹纹罐 高84毫米 直径112毫米 国家博物馆收藏（孟树锋2000年作）

世代陶人 第七章 古窑新生——对耀瓷的继承和创新

>> 耀瓷雕花莲瓣纹小罐 高110毫米 直径86毫米（孟树锋 1999年作）

▶ 耀瓷大梅瓶 高 480 毫米 直径 230 毫米
（孟树锋 1981 年作）

世代陶人　第七章 古窑新生——对耀瓷的继承和创新

≫ 耀瓷大梅瓶 局部刻花

≫ 耀瓷刻花尊 高200毫米 直径124毫米（孟树锋 2004年作）

用这两种刀法完成纹样的主线条以后，就用这种篦纹工具在花瓣、枝叶里面填上梳齿划纹，宽起窄收，按照花叶的结构和走势排列，很自然很流畅，使纹样更加灵秀飘逸，又使画面上有了主宾关系，有了层次。这种篦纹看上去挺简单，实际上操作起来比刻花还难，要达到工整流畅，不但要熟巧，还得对工具、泥料性能、坯体的干湿程度等方面有很好的

> 篦纹效果 宋代耀州青釉刻花水波纹注碗（耀州窑博物馆藏）

把握才行。宋代艺人的技术水平高的，有先在坯子上划上篦纹，然后再开始刻的，这都是对技法掌握得极其精道的艺人才能做到的。从这也能看出当时宋代耀州窑鼎盛时期的时候，云集了多少制瓷人才啊！当然，这也依赖于这边的泥料可塑性好，用的是湿刻法，铁刀对软泥，好进刀。划花相对来说就简单了，就用这种粗细不同的竹签子垂直在坯体表面直划沟线成纹，签子的粗细决定沟线的粗细深浅，虽然比雕花、刻花简单，但是表现起来也很洒脱奔放、干净利落。

> 篦纹效果 宋代耀州青釉水波纹洗（耀州窑博物馆藏）

> 篦纹效果 宋代耀州青釉三鱼纹碗（耀州窑博物馆藏）

刘：您在这么多年的创作实践中，有没有一些自己的技巧呢？

孟：我的刻花有一个跟别人不一样的地方，是我对这个拐角刀的独特用法。我用这个拐角的地方来刻，就能刻得很细腻，拐角在细微的地方可以进刀，这样就能出现很多跟宋人相近的地方，可以达到我们预想的效果。从2000年以后，我对木刻比较关注，也收集了一些，学习了木刻的一些技法，我的这个刻花也大有长进，花纹刻得比较流畅一点。

▶ 孟树锋收藏的木雕

要说技巧，那就是一些工具的应用，你看我这个压凸线纹的工具，就是当时做这个瓶子的时候，我自己突发奇想找到的窍门。这件作品叫做"一帆风顺瓶"，上面是青瓷，下面是黑釉，上面是50根线条，就是我用这个工具压上去的，很好用。50根线条，五和十都是《易经》里的中心数字，我们是东南西北中，刚好是一二三四五嘛。肩部是"一帆风顺"四个字，这上面青瓷的部分有艘小船，来衬托出浪的大嘛，上面还刻着字："自信人生两百年，会当击水三千里。"

再有，你看我这三个大小粗细不同的小竹竿儿就是我用来戳珍珠地的。你看这件作品，这个就是咱们传统的白釉剔花，它的全称叫做牡丹纹珍珠地。北方粘土质的原料颜色都比较深，必须在深颜色的泥胎上面先上一层化妆土，这个地方就叫"衬砼"，这一层搞好了以后，等到这个坯子能够拿到手里边又不粘手的时候，用竹签子把线条先画出来，花纹的枝叶和花头就都有了，把花纹搞好了以后，最后再用最小号的这个竹竿把地铺出来，出来圆圆的很规则的圆圈，像珍珠一样，这就是"珍珠地"。这个珍珠地最早是金

> 一帆风顺瓶 高 388 毫米 直径 175 毫米（孟树锋 2003 年作）

> 自制的压凸线纹的工具

> 一帆风顺瓶 局部

世代陶人 第七章 古窑新生——对耀瓷的继承和创新

≫ 白釉剔花牡丹纹珍珠地壶
高 153 毫米 直径 110 毫米
（孟树锋 2005 年作）

银器上的一种钻花装饰工艺，在唐代的时候，河南密县的西关窑率先把它运用在瓷器装饰上，成为磁州窑系里面所特有的一种装饰方法，但也不仅限于磁州窑，磁州窑里面用得多。做得最好的还是密县西关窑，后来像河南鲁山段店窑、登封曲河窑、河北彭城窑，做得都相当不错。后来磁州窑他们在做的时候，在珍珠地上还加了一种方式：把珍珠地的边缘线条戳得宽一点、深一点，在里面再镶进去一种釉色，有镶红的、镶黑的、镶赭石或者黄颜色等，再把蹭到线条以外的刮掉，这样出来的珍珠地就带有其他颜色，所以这种做法是比较麻烦的，等于这个槽做得比较深，把颜色镶进槽里去，其他地方还是底色，这是珍珠地发展到最后阶段的一种做法，而密县西关窑纯粹就是不镶颜色的形式。

我们耀州窑里面也有珍珠地，但是用得很少，大多用在局部装饰上，比如碗底刻一朵很简练的小花，在旁边戳几个圈，戳得很松散。作为白釉剔花的珍珠地，耀州窑以前是没有的，这就等于是我们学习人家磁州窑系的东西。我最早是从1984年的时候开始做珍珠地，最开始我们就是用竹签子划，但是怎么划也划不了一个很规则的圆圈，后来改用这个小竹竿来做的时候呢，也还是非常难做。

刘：用这个小竹竿不就可以一下子戳一个圆圈出来了吗？

孟：难做在哪里呢？就是这上面的圆圈要排得很均匀，轻重要一样，因为胎体上面先上了一层化妆土，用的力量轻重要很讲究，力量过重，戳得太透，在拔出来的时候会把下面的化妆土粘起来，那就露出胎色，成了一个黑点；要是用力太轻了呢，这么细的圈，化妆土会分离不开，底色呈现不出来，就不清楚。所以要靠戳的劲儿把化妆土隔离开一道缝儿，让最后的透明釉上去之后底色能透出来形成一个装饰效果，所以太轻或者太重都不行，不好掌握，做起来还是比较难的。另外一个难点是，这些圆圈排上去要疏密有致，感觉到很自然，就是有规则又没规则，不能挤得满满的，也不能太稀稀拉拉的，要让人看起来很自然，不能看上去是太刻意地排列上去的。金银器上的珍珠地就是很刻意排列的，整整齐齐，因为它是用凿子凿上去的，甚至有的时候有些只有半圈，可能就是凿的时候有点斜，受力不均匀，应该是垂直一点，这个圆圈就全了，这也是做珍珠地要注意的一个方面。我们这个就是要用巧劲儿点一下，很自然。

> 用自制的工具制作珍珠地

世代陶人 第七章 古窑新生——对耀瓷的继承和创新

> 篦纹出来的效果是平行并且线条的粗细相同

> 孟老师在讲解其作品上面的线条造成的美感和快感

刘：这上面的花纹是用竹签子划出来的，那这些花叶上面的小细纹是用这种篦纹排划签划出来的吗？

孟：这不是篦纹，篦纹解决不了这个问题，篦纹划出来是一排一排的，基本上线条是平行的，而且粗细是一样的，出不来这种效果，你看它这个线条是有抑扬顿挫的，有头有尾，有那种快感和美感，你看这个图案在讲究花纹的美感上面，花瓣的结构状态和朝向全靠这些线条给点活了，假如说没有这些细纹，画面就会光秃秃的，有了它整个画面就活起来了。这些细纹也是用粗细不同的签子划出来的，你看，下签子很重，一下扫出来，有劲儿，有快感，而且扫的方向要一致，都要朝向这个中心。所有的花纹剔划好以后，珍珠地铺完，最后再上透明釉，这件作品的造型风格应该来说还是唐代的风格，比较饱满。

> 白釉剔花牡丹纹珍珠地执壶（2006年中国美术馆举办的陶瓷大展中孟树锋的作品）

刘：我上次在中国美术馆举办的陶瓷大展上看到您的一件作品，跟这件差不多，只不过那件是个执壶，多了个嘴子和手柄。当时我注意看了一下它的作品介绍，是用两种气氛烧成的，先烧的氧化又烧的还原，这里面又有些什么缘由呢？还有，这两件作品上面都有一些黑色的小点，这是您刻意要出来的效果吗？

孟：对，我是用两种气氛烧成的。你看它带点青颜色，那就是说用还原气氛烧过一次，而这上面的黑点是铁点，这些铁点能发色、能冒出来，就是说先用氧化气氛烧过一次。日本有些瓷器上面会烧出来这种铁点，我就是利用胎里面本身的这个铁点，因为它是个比较朴素的东西，老一点儿、传统一点儿，能让它冒出来增加一点色彩，给它出一点彩，而且泥里面的铁点大小深浅都不一样，你也不知道它会在哪些地方、在哪些角度上、在哪些方位上冒出来。我的目的就是想让它出来那种寥若晨星的效果，星星有大有小，离我们有近有远，而实际上这些铁点也是有些埋在泥里深一点，有些接近表面，它们的深浅层次不一样，大小也不一样，颜色的轻重也不一样。像这样的东西，要是先烧还原气氛的话，这个铁点就出不来，而且基本上全成青颜色了，所以想达到这样一种效果，就要先烧氧化气氛，再烧还原气氛，分两次烧成。如果不烧还原，纯烧氧化气氛的话，就纯粹是白色，而且是那种煞白煞白的，白得太轻，就没有这种古朴的味道。你看底足这个胎的颜色，发红，很多所谓的专家只知道耀州瓷是香灰胎、灰胎，不知道这种是什么胎，可能又会说这是什么红胎了（笑）！实际上这就是先氧化焰、后还原焰烧出来的，底胎在第一次烧成的时候就微微有一点红，不是很红，第二次一烧还原焰的时候就更加红，达到这种效果，所以你看最后胎的颜色全变成这样了。

≫ 先烧氧化气氛后烧还原气氛使得这件白釉剔花牡丹纹珍珠地壶的底足胎色发红

世代陶人 第七章 古窑新生——对耀瓷的继承和创新

刘：就是火焰催出来的颜色。

孟：对，其实很容易。你再看这个碗，这是唐代耀州窑的碗，为什么我要买这个碗呢？就是因为它的这个效果。你看它的底部，本身这种泥料含铁量比较高，如果跟火焰接触了以后，就会发红。底足这里就是跟火焰接触了，为什么这个底足只红这一块呢？这上面是三角支垫的垫痕，红的地方是火焰进去了，所以我们鉴定古代的陶瓷啊，就要看到这些细节。如果说这个碗放在宋代，那这个地方就很红，而且有一点刺手，那是为什么呢？因为它的燃料源不一样，宋代用的是煤，而唐代用的是柴，柴的草木灰落到器物上只能增加釉光的程度，溶解在釉子里跟釉子融合，而不是造成刺手的那种灰渣。这儿很明显是火进来了，这不是上的化妆土，这是柴烧的一个重要证据，柴里面的草木灰本身就是灰釉的一个原料，实际上泥料里面也含有釉子的成分，草木灰落到胎子的表面，温度烧高了以后，泥料跟草木灰一结合就出现这种情况，所以有好多柴烧，没上釉，草木灰落到上面就是这种效果。所以，很清楚，白色的部位是三角支垫的痕迹，唐代还是用的筒状匣钵，但是现在一个

▷ 唐代耀州柴烧碗心支钉的痕迹及底足垫三角支垫被火催过的效果

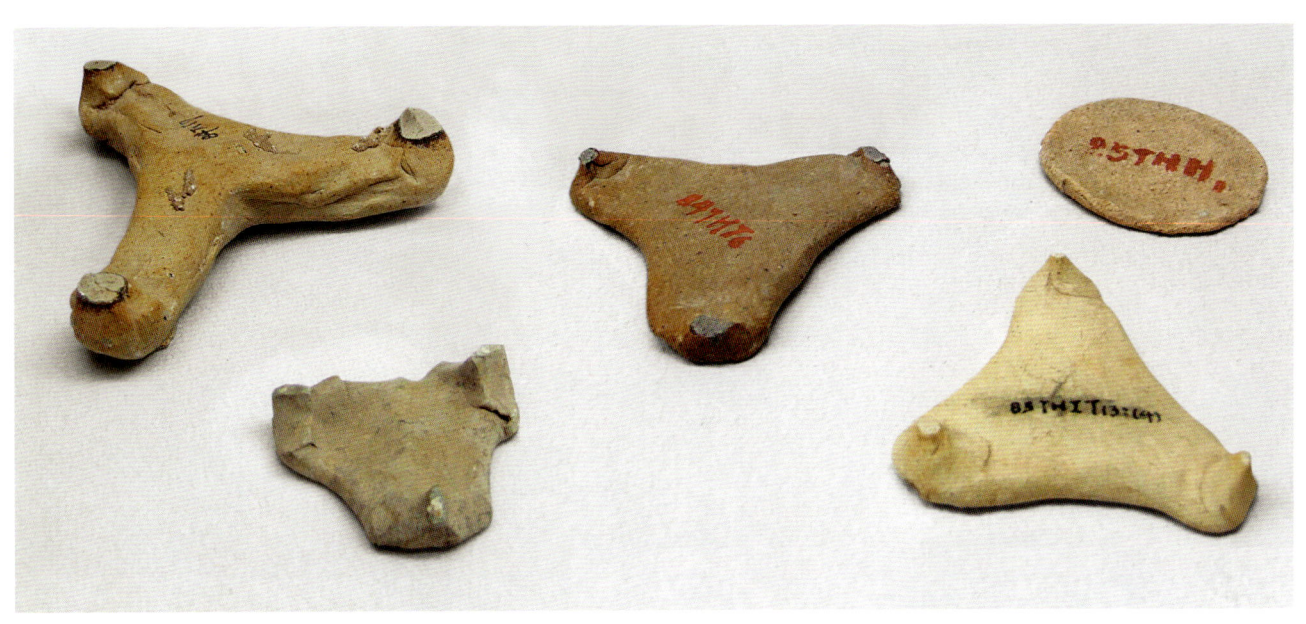

> 黄堡窑址出土的窑具 三角支垫（耀州窑博物馆藏）

匣钵里面垫几个我们不清楚，三角支垫是用手捏的，垫一个饼，放一个碗，这么一摞，然后一个筒装。肯定是这个匣钵坏了，火进去了，明显看出这个碗是被火催过了。我们为什么叫窑变，这就是窑变，它在窑里面自己变了，这就是柴烧的效果。

刘：您还有哪些代表性的作品？

孟：作品很多，有以前做的，也有这几年做的，有兰花的，也有青瓷刻花的。这几件是我当时给陈炉做的一套兰花餐具，你看这件底款上写着"甲子年侯天福拉坯 孟树锋设计并绘画于铜川陈炉"，我还记着梁先生的话，"陶瓷是一个集体的创作"，我就把他们的名字都写上了。有点变形，这个算是做得比较认真、比较细致的，因为大生产的东西要枯燥一点。

> 当年给陈炉做的兰花餐具中的碗，底足刻着"侯天福拉坯 孟树锋设计并画"的字样

世代陶人 第七章 古窑新生——对耀瓷的继承和创新

▷ 碗内壁的支钉痕迹

刘：我发现这几个碗的碗内壁上都有几个小支钉的痕迹，是支烧的痕迹吗？这种是不是要比三角支垫麻烦一些啊？

孟：对，这就是我们当时着意学习人家宋代的支钉烧法，有四个支钉的，有五个支钉的，大盘小盘，也是叠烧。这个也不麻烦，要是会做的话很容易。我们做了一个模具，然后用刀子在上面转着镟，镟了之后它自然就是一个三角形的上大下小的东西，上面有好多孔。把这个东西放到窑里一烧，烧成半生的，就是我们所谓的陶，用泥巴往这些孔里面呲，呲完以后用刀尖都敲到一个碗里，让它自己去干，然后就可以用了。到装窑的时候也很讲究，用面粉和一点汁，从碗里拿一个钉往面汁里蘸一下，蘸好之后放到碗底这儿，再蘸一个再放上去，放四个或者五个，然后再放下一个碗，最后一个碗一个碗摆好，再放进匣钵里去烧。这是一种方法，还有一种方法不用支钉，叫做"坐砂"，用一点耐火土拿面汁和一下，然后点上去。

刘：那这件写着"侯天福拉坯"的碗上面怎么没有任何支烧的痕迹呢？

孟：因为这个碗是放在顶上面烧的，一摞子的最上面一个，如果是放在中间的话，它肯

▷ 老艺人在上完釉半干的坯子上抠眼圈

定里面也有几个涩圈。这些就是工艺里面说的抠眼圈、加垫饼、坐砂、支钉几种方法。抠眼圈是上完釉,坯子半干的时候,用一铁片一个一个抠上去的,他们做的时间长了,碗底多大他们心里都有数,所以抠好之后上面的碗足正好能放到圈里面,坯子干了之后,画花的人再继续在上面画。

你再看这两个碗的碗足,有什么不同?一个上面有手掐的印儿,而另一个上面很平整,没有手掐印。这个带印儿的,就是把这个碗直接做好,上化妆土或釉子的时候直接用三个手指头掐着碗足往釉缸里蘸一下,然后把底足上的釉刮掉,这个地方就留下了手掐的印,你看这边有一个手印,这边有两个,三个手印。而这件就没有手掐的印,为什么呢?这个叫做"两刀子活",也叫"干掏",干掏和两刀子活都是当地的一个术语。做坯的时候在底足这里做一个专门的工作把手,当地话讲就是"二

> 刮掉,叠烧的时候,碗的底足正好放进下面碗的涩圈里

把子",在这个把手上面事先做上一条棱儿,让你明显能感觉我们本身所需要的器物底足的部分是多高,剩下部分都是要去掉的,是一个倒八字的形状,抓起来好下手,上釉、上化妆土的时候就抓着这个把手,最后坯子半干以后,修坯的时候把多余的这块把手掏下去,所以这叫两刀子活,也叫干掏,意思就是这个把手干了后,把它掏掉。所以,你看这个碗底干干净净,没有手印。当地的工作条件都是在大场里面晾坯,

> 碗底足的手掐印

> 两刀子活的碗底足

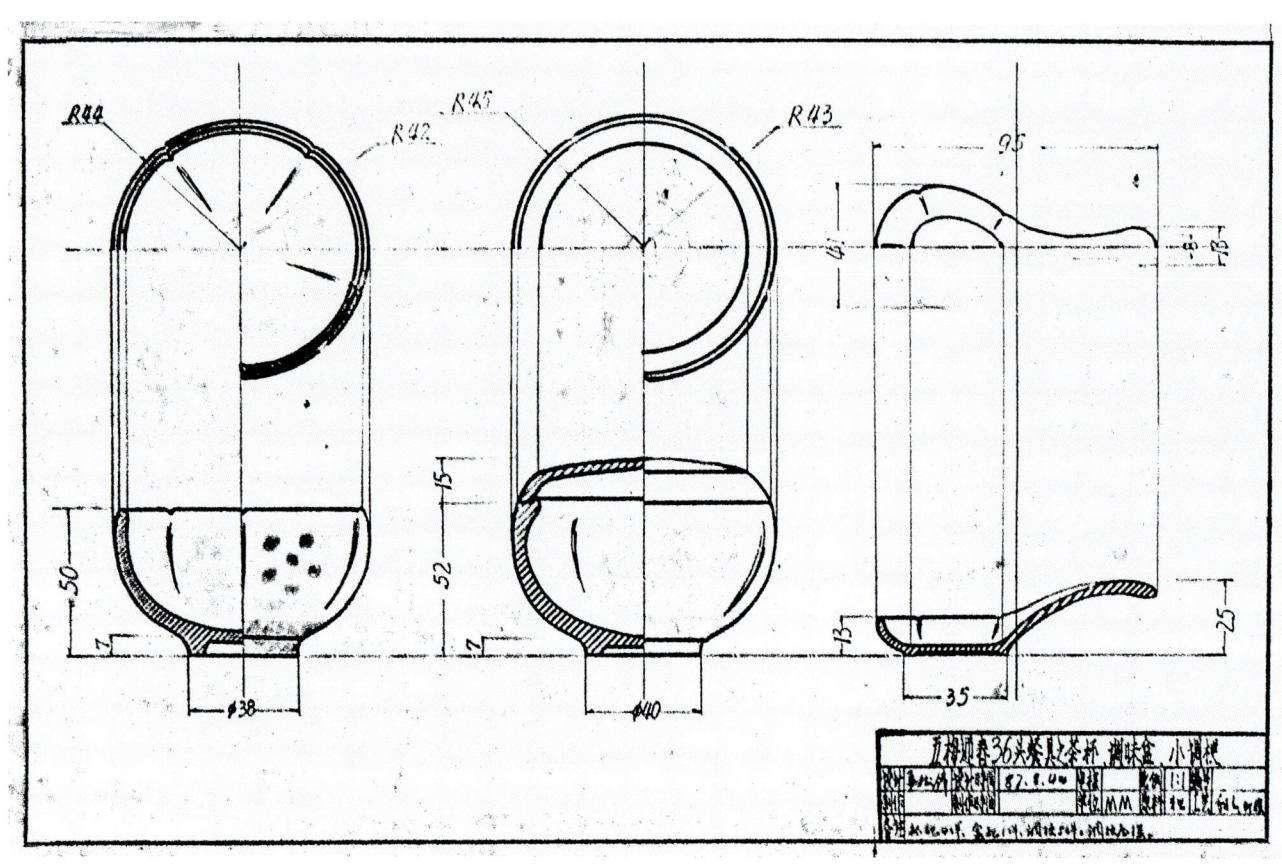

> 1987年设计的五梅迎春餐具的设计图：茶杯、调味盒、小调羹

碗足底下粘的都是乱七八糟的东西，这样干掏了以后就把二把子连同上面的灰渣之类的东西掏掉了，就比较干净，后来我们给它起了一个更加工业化的名字，就叫"工作把"，专门为了工作方便留的把手。

刘：这些碗都是以前在陶瓷厂的时候设计的吗？就是您恢复的陈炉民间风格瓷？

孟：是啊，给陶瓷厂设计的产品就有几百件，光成套的餐具大概就有近十套，当时画的图纸大部分都被烧掉了，只留下一小部分。

《五梅迎春》这套36头餐具是我1987年设计的，整个一套包括壶、茶杯、大中小碗、大小碟、调味盒、调羹等，这套餐具的设计图还有。像这个碗的造型，基本上就是我们学习陈炉当地陶瓷的造型风格，把它的语言用上去，略微做了一些变化。你看这五片瓣上绘有五朵梅花，碗心是一个"春"字，叫做"五梅迎春"，碗底是我的一个"孟"字。实际上当地有这种形式，叫做梅花点，但是它那是一种圆的造型，而我给它加了一个葵口，做成一个海棠形，这样就等于说上面像一个花瓣一样，是花萼部分，碗外壁的下半部分上的是黑釉，像花托的造型。当地人的饭量比较大，图纸上标着有大、中、小三种型号的碗，最大个的半径是104毫米，是比较大的，口径的大小也要根据它的匣钵来定。这个碗比较浅一点，所以要稍微大一点，就刚好跟现行的碗的规格差不多。

五梅迎春碗

191

第七章 古窑新生——对耀瓷的继承和创新

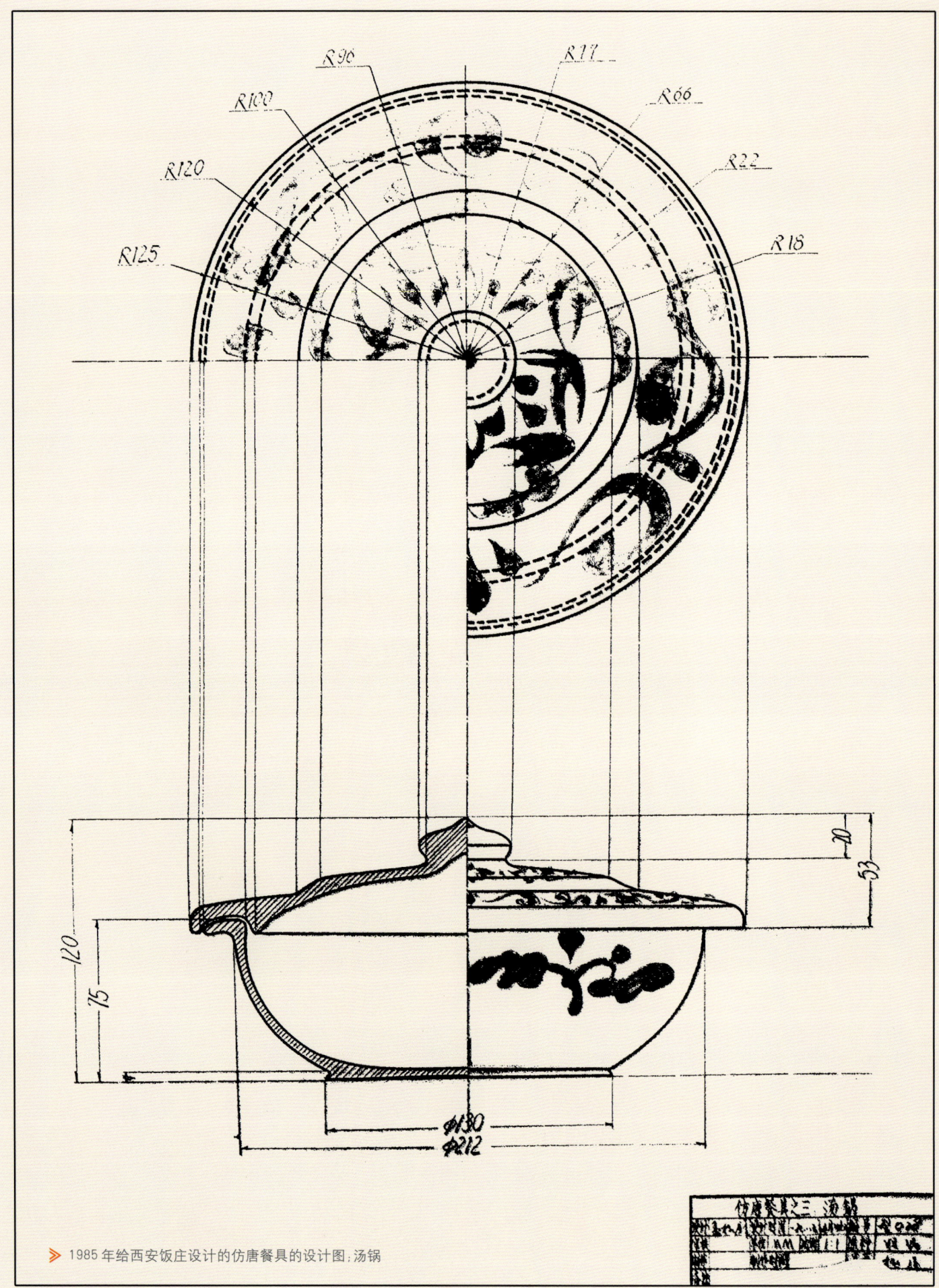

▷ 1985年给西安饭庄设计的仿唐餐具的设计图:汤锅

> 享福大老碗的碗心"福"字寓意和碗底足响动的奥秘

世代陶人 第七章 古窑新生——对耀瓷的继承和创新

> 给自己做的碗（上）和给儿子孟鸣做的碗（下）

1985年的时候，我给当时的西安饭庄设计了一套仿唐餐具，因为他们的特色是唐菜，我给他们设计的整个造型形式全部是唐代的，而且是我们耀州窑的风格。画这个图纸的时候就有点懒惰了，把结构图和装饰图画在一起了，这上面的装饰就是唐代最常用的宝相花。

刘：陈炉还有一种大老碗，一摇会响的，叫享福大老碗，是怎么让它响的呢？

孟：对。你看这个其实很简单，这个碗啊，碗足比较深，在里面放个泥疙瘩，把底糊住，然后再在上面打个洞就行了，一摇就响。碗心写的是个"福"字，响福，享福。

刘：让福不仅能够看得到，还能听得到。

孟：我还给我家老崔、我儿子、儿媳妇，还有我自己，各做了一个吃饭的兰花大碗，还做了一个全家人一起用的汤碗，上面都写着字。这几个碗是这两年做的，是用我们研究所的气窑里烧的，所以颜色跟在陈炉的大窑里烧出来的不太一样，大窑火位烧得高，原料基本都一样。

≫ 给一家人做的汤碗

世代陶人 第七章 古窑新生——对耀瓷的继承和创新

▶ 画好坯入窑前的大老碗

关中、渭北一带长期流传着一句农谚"正月十六滴一点,耀州城里买大碗",就是说这个地方的人都用我们陈炉生产的粗瓷大老碗,2005年我做了一个大老碗,在上面把这句民谚又续了一下,就把我们整个铜川的历史、文化还有特产介绍了一下,算是首打油诗吧,也有点意思,是这么写的:"五月十六滴一点,耀州城里买大碗,大碗大得真稀罕,端回家去吃干面,干面吃了心喜欢,做活能把山掀翻,挣破头地吼乱弹,唱的是孙思邈隐居在药王山,李世民亲自登临来拜参。耀州窑的博物馆,里边宋瓷太少见,玉华宫中肃成殿,玄奘译经一千三百卷,香山枫叶红烂漫,菩萨真身几千年,今天宜君避暑赛神仙。印台的九州龙果大又圆,王益拉水泥的车不断,耀县的辣子大蒜和煤炭,陈坪的大樱桃红又甜,新区还有大牡丹,又能吃又能看,保证心中怪舒坦。"这个吼乱弹就是唱秦腔,当地的人都喜欢听秦腔,我也是特别爱听。

这些都是兰花的作品,另外在1997年香港回归的时候,香港举办了一个十大名窑陶瓷精品展,让我们以香港回归为主题创作作品,我作的那件作品叫《一统瓶》,剔花的。下面是燕韩赵魏齐楚,六国,然后是柿蒂纹,归秦,上面是一个"秦"字,六四一。我这主要是根据杜牧的《阿房宫赋》中:"六王毕,四海一。蜀山兀,阿房出。"六王完了,四海归一,归一就是归秦了,底下有一个标记:"一九九七香港回归中国纪念 1842—1997—155—047",被英国统治了155年,参展的一共是155件,每年编号一件,我的是其中的第47件。

刘:您的这些作品都带有典型的民间风格,跟景德镇的细瓷风格截然不同,而这种更加朴实纯厚,更具有民间乡土的传统,现在真是不多见了!

孟:是的,张仃先生就特别喜欢我们这种民间风格的陶瓷,还给我们题过字——"古窑新生",一直

▷ 兰花大老碗 高150毫米 直径295毫米（孟树锋 2005年作）

 世代陶人　第七章 古窑新生——对耀瓷的继承和创新

≫ 一统瓶（孟树锋 1997年作）

都挂在我的书房里。

刘：您的青瓷刻花风格的作品都有哪些呢？

孟：青瓷的很多，到了研究所以后主要做的就是青瓷。你看这件作品，是我在2003年的时候创作的。

刘：这像本书，书脊上面是"毛泽东思想"，封面上还有个毛主席像章，这件作品是为纪念毛主席而创作的吗？为什么会采用这样一种形式来创作这样一件作品？

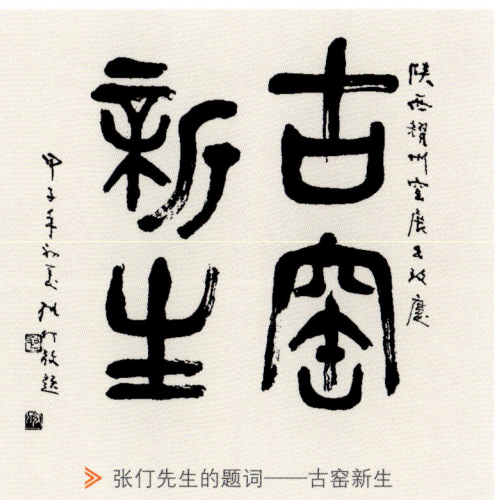

▶ 张仃先生的题词——古窑新生

孟：对，这件作品叫作《为人民服务》，是我在2003年毛主席诞辰110周年的时候，为了纪念毛主席而创作的。因为我们曾生长在毛泽东那个时代，曾经在毛泽东的领导下，在毛泽东亲手缔造的这个新中国生活，包括我们慢慢长大后，对毛泽东建立国家以及他的思想、他的革命活动、他在各个方面的成就，对他无比崇敬，所以说怀着这么一种崇敬的心情，我觉着毛泽东是我们民族的一个伟人，所以想用咱们耀州瓷这么一个形式来做一件纪念毛泽东诞辰110周年的作品。考虑来考虑去，构思了很长时间，用什么样的形式来表达呢？毛泽东号称书法家、文学家、思想家、哲学家、政治家，许多人评价毛泽东一辈子打交道最多的是书和笔，那么我就选用了一个书本的形式，毛泽东思想也是我们党的立党之本，在毛泽东思想的照耀下，我们建设了新中国，所以选用这种形式。但是我们的工艺瓷也要强调实用性，所以就把它做成一个方形的笔筒，这就说明陶瓷为生活服务，既是一件工艺品，又能为生活所用。但是作为这么一种题材，更要体现它的艺术性，这样做成一本书，从中国传统装帧方面来说，有它自己独特的东西。封面要简洁明快大气，上面一个毛泽东像，下面是"为人民服务"几个字，这样就很大气，体现出毛泽东是我们的民族精英；书口朝左开，咱们传统的线装书都是朝左开，更多体现咱们民族性的东西；书脊上面凸刻"毛泽东思想"，这也是我们全党的集体智慧形成的，是凸起的，造成高低的一种差异；封底上面刻的是莲花。为什么要选用这个莲花图案呢？这也费了一翻心思，莲花算是咱们耀州瓷里的一个传统图案，非常高洁，出污泥而不染，跟封面的"为人民服务"配得上，而且在佛教里面，莲花又是一种智慧的化身，这又可以跟"毛泽东思想"对得上，当然并不是要和宗教扯上关系，而是莲花本身就有这么一种象征性，也是对过去的一种缅怀，当然最重要的还是为了要体现耀州瓷最优秀、最具特点的东西，所以就刻了莲花。这个纹样从实际装饰角度也好，从艺术角度也好，从寓意方面也好，跟整个这件作品的气节能够吻合。你看这个线条处理得非常流畅，像行云流水般，这是我着意去学习了田黄的薄意雕，尽管这个刀面很宽，但是不显得很深，就是说宽度要达到，但是深度要浅，这样釉子的变化就看出来了。说实话，这上面的花纹能刻到这个程度，我们都有点自鸣得意啊（笑），就是宋人也不一定每一件作品都刻到这种程度。

刘：就是刻得很薄，刀面宽，但是其实很浅，很浅的一层，这样就可以减小坯面的起伏，釉面容易均匀，花纹的效果就更明显。这个笔筒的内部好像还刻了很多字呢，刻的是什么呢？

孟：这里面是我自己对毛泽东的一个评价，一共203个字："毛泽东先生是中华民族最典型的代表和中国人民最优秀的儿子，是华夏有史以来以及今后相当历史时期内最伟大的政治家、思想家、军事家、文学家和书法家，也是全世界最杰出的哲学家、革命家和国家及政党领导人。从一八九三年的湖南出生到一九七六年的北京逝世，其光辉传奇的一生，创造了世界与中国天翻地覆的英雄史诗，给后世留下了无穷的精神宝藏。我作为一个能生在他亲手缔造的新中国最使人长志气时代的制陶人深感自豪与幸福，特作此怀念这位一生一世的神州第一位人！"这段话是我冥思苦想逐字推敲出来的，用它来表达我对毛泽东的一种感慨，一种认识，对他的一种评价，既要跟当前时代对他的评价相吻合，还要有自己亲身的一些感受，所以也是经过好长时间才写出来的。另一个面上是毛泽东的手书："为和平民主团结统一而奋斗"，这句话用在哪里都比较合适，后面是"2003年12月26日耀州三代陶人孟树锋作于陕西省铜川市"，这天是毛泽东的生日。口沿部位还有两行字，上面是"纪念毛泽东先生诞辰壹佰壹拾周年"，下面是"一八九三——二〇〇三年"。我答应给国家博物馆、毛主席纪念堂、井冈山革命纪念馆、韶山毛泽东纪念馆各一件，毛主席纪念堂要我把写好的稿子寄过去，他们要先审查，我给过他们，他们也都觉得还行。在做这件作品的过程中，通过不断地查阅资料，越来越感觉毛泽东确实是个伟大的人，是我们心中的神，是我们的民族代表，能在他所领导的时代生活过，我们感到非常自豪。

你看上面这个毛主席像稍微有一点变形了，但是效果出来了，这就是我理想中的效果。这个笔筒啊，我烧了几十个啊，一窑烧一个坏了，烧两个坏了，就是不停地重复烧，才能有这么几件理想的，这真是炼出来的。想来想去，那段时间状态真好啊，天冷，我就穿着当年学校里给我买的棉袄，屋里有一个小火炉取暖。这个毛主席像章就是我们开发的一种新工艺——红底玉缕，传统的耀瓷都是青色，是冷调子，在这上面加上一点土红颜色，是暖调子，刚好与大面积的冷调子形成一种反差一种对比，但是红色不能太多，因为大面积都是青瓷的上面只有一点红色，突出它的中心地位，不但是浮雕高出来了，而且颜色也有了区别，这样就更加把毛泽东的主题，把它的中心给提出来了，底下是阴刻的"为人民服务"，釉子进去又形成一种颜色深浅的对比！就简单的这么一件事情，你需要对耀州青瓷有深刻的了解，你最起码要懂得美术，懂得色彩，懂得它们之间的配比关系，你还要懂得工艺技术，都不是能轻易做得来的事情。

≫ 为人民服务 高175毫米 宽65毫米 长140毫米（孟树锋 2003年作）

≫ 为人民服务（书脊及背面刻花）

刘：我看您的很多作品，好像里面都刻着不少字，不是简单的落款，好像很多是您的感悟之类的文字，而且都是在内部，在器物里面，不太容易看到，包括您这件纪念毛泽东的笔筒。一般来说，陶瓷作品上面的文字都是刻在或者写在外面的多，您的作品却都是刻在里面，您是怎么想的呢？

▶ 刻花局部

孟：对，2000年以后，我按照自己的想法，做了一些东西，就在自己的陶瓷作品上面留的字比较多，而且都是在里面。我是一种什么想法呢？我认为我现在已经被蒿草淹没了，但是我等待着用我的作品证实我的存在，证实我对这个地方做过的一点点工作，所以我要把字留在上面。这东西一旦被收藏家收藏，流传出去，有一天不小心打破了，他们会从支离破碎的瓷片上面看到我刻上去的字样，记住我孟树锋这样一个名字。就像景德镇有童宾、有唐英，德化有何朝宗，

▶ 为人民服务（口沿及内壁刻字）

而那些政客都是过眼云烟，这就是我在陶瓷上留那么多字的原因，我们总不能让历史也对我们这么不公平。我后来写过一篇小文叫《一块内刻的耀州瓷片》，大致的意思就是说：我不成器，成了器以后大家又对你指指点点，有时候把你捧得很高，有时候又把你说得一文不值，我们战战兢兢地活着，活在别人的议论之下，直到有朝一日打碎了，成了一块瓷片，谁都不管你了，我们本来是无忧无虑从自然界中来的，现在打成瓷片以后又回到自然界当中，依然是无忧无虑的。但是最后的结尾说，成了一块瓷片之后，被扔到荒郊野外，还有什么作用？在一定的条件下，在一定的角度下，有一个人走到一定的地方，这块瓷片把太阳光折射到他的眼睛中去，使他发现了这块瓷片，这是这块瓷片最后的价值！这个看上去好像不知道在说些什

么，让人自己去回味、去想吧！为什么是一块内刻的瓷片呢？因为我们不想在外边刻，外面刻了容易让人看见，里面刻了看不见，有时候也能被看见，但是总比刻在外面被看见的机率要小，做人嘛，不要张扬，尽量内敛一点。

刘：您从大学毕业回到陶瓷厂当厂长，到后来的铜川陶瓷工业公司，再到现在的铜川陶瓷研究所，这20多年您一直都在从事陶瓷行业，从事耀州瓷的研究和开发，您觉得您对这块土地上的陶瓷发展最大的贡献是什么？另外，您总结一下，这么多年您都做了哪些项目，或者是研究课题？

孟：应该来说，一个有良知的人，自己评价自己才是最准确的。我觉得我自己对铜川陶瓷的贡献有三点：第一，跟着李国桢先生把失传八百年的耀州青瓷恢复出来，以及以后对耀州青瓷的发展提高和再系统化；第二是对铜川民间瓷的挖掘、恢复和出口完全是由我一个人完成的，从对老的东西的收集、整理、研究到重新设计、创作，从市场到出口渠道，就是我一个人搞出来的；第三，就是我对耀州青瓷的创新。这也是张汀老先生对我肯定的几个方面。耀州窑历史上的各个分期有各自的特点，那是历经了几百年才完成的呀，我们在短短的几十年时间内，挖掘、整理、恢复了耀州青瓷，又拯救了民间陶瓷，又把它的创新问题解决了，应该说这个效率还是不低的。张汀老先生对我们的陈炉的民

▶ 在器物内壁上刻字

▶ 佛经钵及其内壁刻字　高98毫米　直径250毫米（孟树锋 2005年作）

> 1990年春北京张仃先生家，张仃先生为陈炉陶瓷厂设计了产品装饰纹样

> 1997年6月同曹金刚执张仃先生为铜川首届陶瓷学术报告会题词"探幽索隐 厚积薄发"

> 2001年8月在张仃先生家与其合影

> 1990年孟树锋到京，张仃先生为其题字"天道酬勤"

> 1997年张仃先生为铜川陶瓷研究所成立题词"动之以旋 法贵天真"

间陶瓷非常支持，对我也非常支持，曾经为陈炉陶瓷厂的产品提过建议并设计过图样，还几次为我们题词，这些我也是非常感激的。

说到课题呢，本来咱们是学美术的，做工艺技术研究可能就差一点，但是到了这个地方，现在整个的铜川陶瓷行业里面，真正大学毕业的就我一个人，后边就没来的人，为什么不来？就是没有钱嘛！人家大学生包括我们自己的子弟，上了陶瓷专业的，人家都不回来，都跑到外边去了，更不用说我们能把人家外面的学这个专业的人才弄到我们这来，或者说把外省其他大陶瓷厂的人员弄到这

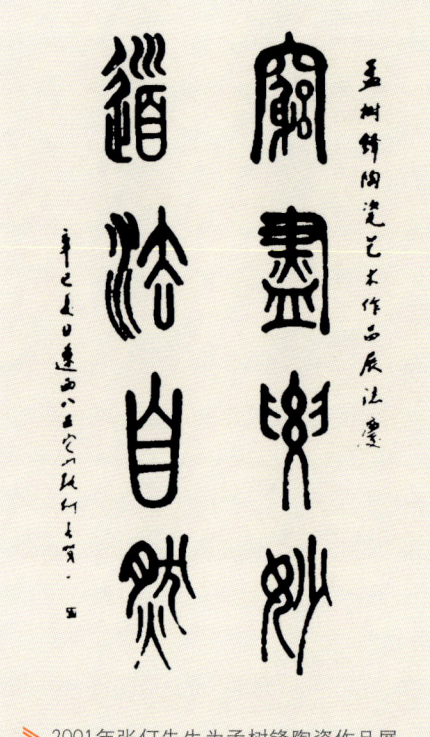

> 2001年张仃先生为孟树锋陶瓷作品展题词"穷尽要妙 道法自然"

来，这都不可能的，所以人少，我们不得不自己做一些关于工艺技术方面的研究。

我做过的科研项目大大小小可能有十多项。

第一个项目就是耀州青瓷开片研究。这个项目是从1983年底开始搞，我跟厂长乔留邦还有王芬，我们三个人一起搞的，我主要负责造型设计，当时我设计的造型大概最少就有四五十件。王芬负责釉料配制，搞了一年多时间，到1985年这个项目就完成了。

第二个项目是旅游出口瓷的开发。我们当时出口瓷开发的比较好，后来我们就想把这东西整个整理一下，

> 仿宋耀瓷开片刻花宝盒 高40毫米 直径182毫米（孟树锋作）

≫ 耀瓷刻花牡丹纹碗 高 55 毫米 直径 168 毫米（孟树锋 1983 年作）

从产品的技术领域上面，做一个规整，因此，我们报了一个省级科研项目，就叫做"耀州青瓷旅游出口系列产品开发"，这个项目最后得了一个"陕西省科技进步三等奖"，现在叫"科学技术奖"，另外，还获得了"轻工部三等奖"、"铜川市科技进步二等奖"、"轻工业厅科学技术进步奖"，获过这么多奖。这个就是整个把陈炉的耀州青瓷和民间瓷作为一个系列，我从1982年开始，一直到1986年，这段时间做了一个总结，整理了一下，完成了这个项目。1991年在铜川宾馆开的项目鉴定会，市科委组织的省级专家鉴定，我做的工作报告。实际上按理说，这个项目有一点牵强附会，因为是一个系列产品开发嘛，这些东西、成果我们原来都已经做出来了，等于说最后整理总结一下，我的想法呢，就还是想让我们厂里这些技术人员多出点成绩。

≫ 耀瓷刻花飞天纹盘 高 29 毫米 直径 150 毫米（孟树锋 1983 年作）

世代陶人 第七章 古窑新生——对耀瓷的继承和创新

≫ 黑釉剔花叶纹坛 高 200 毫米 直径 270 毫米（孟树锋 1985 年作）

耀瓷刻花牡丹纹鼓敦盒 高82毫米 直径124毫米(孟树锋 1985年作)

这是在陶瓷厂搞的两个主要项目。后来离开了陶瓷厂以后，当时在陶瓷工业公司的四年时间，我们做了几个项目。铜川那时候要发展陶瓷产业，所以才成立了陶瓷工业公司，曾经两次派技术人员去山东学习，学习人家外地怎么样把全市的陶瓷企业组织起来，成为一个机构，形成一个拳头产品，那时候讲究什么企业集团，所以两次派人去山东学习，我是唯一一个两次都被派去学习的人员。陶瓷工业公司成立起来就是想做陶瓷企业方面的事情。

当时整个铜川市有40项"兴铜工程"，我们做了三个产品可行性报告：一个年产150平米彩釉砖可行性研究报告，一个年产2000万件的日用陶瓷可行性报告，还有一个年产800万张pvc贴花纸的可行性报告。这三个可行性研究报告都是我做的，都是列到40项"兴铜工程"里面去的。150平米彩釉砖这个项目是我跟西北建筑设计院的一位老师一起做的；2000万件日用瓷的方案是我跟轻工业研究设计院的一位老师一块做的；贴花纸这个项目是我带着几个技术人员做的。那时候我是组织部正式任命的总工艺师。

1996年离开陶瓷工业公司，到了现在这个研究所，这十年时间，我们做的项目比较多。

第一个工作是一个省级科研项目：耀州青瓷新工艺研究。因为在上世纪70年代中期的时候，李国桢先生在这试制了耀州青瓷，但当时还是比较粗放、低级的，后来我陆陆续续跟李先生交谈过好多次，比如说基础理论方面、配位场方面，各个方面的许多基础工作都没做好，李先生说可以把这个再做一下，这是一个原因；还有一个原因是这个时候情况变了，我们需要用先进的屉式窑炉，用石油液化气这样的燃料源，那会儿还是用煤来烧的，所以就需要一个新工艺研究。这时候就提出了把原来的耀州青瓷的胎和釉采用屉式窑炉进行烧造，燃料源用石油液化气或者天然气。因为窑炉和燃烧形式变了以后，胎和釉就要变，这些话都不是我说的，都是李先生说的。比如李先生说石油液化气属于丙烷，里面氢离子多一些，渗透能力强，那么我们的胎釉就要配合这一点，所以我们这个项目大概有四项要求：第一，采用新型、节能、保温、高效的窑炉；第二，采用清洁型燃料；第三，胎釉配方的改进，包括成分配比、升温曲线、配位情况等；第四，就是进一步从造型、风格和花纹上面对耀州青瓷进行改进。我们要用石油天然气烧出好的耀瓷来，这个目的最后达到了，从那以后我们铜川几乎就开始使用石油液化气了。这个项目最后没经过鉴定，以前的科研项目必须要经过鉴定，否则不予承认，为什么我们这个没鉴定呢？因为这个时候科研项目不需要鉴定了，完成项目的人如果要求鉴定的话，自行组织。我们这个没进行鉴定，但实际上这个项目我们完成得还是不错的，从1998年开始到2000年完成，做了三年时间，我觉得应该说对后面的意义还是挺大的。这个项目之后，上面给了我们一万块钱，我们用这钱买了一个小窑炉。

在这个中间，我们还做了四个引进智力项目，这是属于外国专家管理局管的，这个项目的总称叫做"引进国外智力项目"，中国和海外都有这样的机构，把国外一些科研机构的人员和退职的老专家组织起来进行海外技术咨询、帮助，就是这样的一个项目。我们是铜川市唯一一家省级"引智"先进单位，一共做了四个引智项目。

▶ 耀瓷刻花牡丹纹方肩梅瓶
高 300 毫米 直径 116 毫米
（孟树锋 1999 年作）

211

世代陶人 第七章 古窑新生——对耀瓷的继承和创新

≫ 耀瓷刻花牡丹纹葵口尊 高125毫米
直径106毫米（孟树锋 2000年作）

我们第一个项目是和日本的名古屋工业技术研究院合作。这个研究院是我们陶瓷行业中世界上第一个陶瓷研究所，这里面有一大批陶瓷技术各个方面的专家，像黑田永二就是这个研究院的，已经退休了，他是留美工学博士，是窑炉专家。这个人对我们耀州的马蹄窑佩服得简直是五体投地，我对马蹄窑的许多认识也得益于他的这种佩服，他是窑炉专家嘛，我们从他的佩服上面感觉到我们这个马蹄窑分量的轻重，然后我们再去体察，再去研究。1998年我们和黑田搞了一个"高等级公路陶瓷路标"研究项目，这个项目有一份整个的技术资料，一大摞，我为这个项目付出了很多的精力，在日本也做过考察。因为对于铜川的陶瓷，我们不能说纯粹地搞耀州瓷、搞艺术陶瓷，也要搞工业陶瓷，后来我对陶瓷各个方面，比如建筑陶瓷、卫生陶瓷都有点理解就是从这个项目开始的。为什么要做这个项目呢？铜川的陶瓷原料性能比较硬，含铝量比较高，抗压强度高，热稳定性好，这种路标在野外高速公路上要承压，应该说这种产品和我们原料的性能刚好吻合，应该说这对我们在自然经济状况下发挥当地的资源，是一个非常好的产品。

这是我们当时做的试验色标，完全是按照工程系的要求来做的，做了一大摞，上面有时间、有配方，都是一个一个粘上去的，这个地方的色料不行换那个地方的，这一个色标就是一种配方啊，一个一个试验，我们做了无数个配方来进行试样烧成。

刘：您再具体解释一下这种色标怎么应用到高速公路上？

孟：高速公路上不是有超车道、行车道嘛，就把它镶在高速公路的分道上，相当于画线嘛，有实线有虚线。这个设计是很合理的，高速路的路况好，司机容易瞌睡，容易疲惫，上了镶这种路标的道以后，就没那么平，就会颠簸几下，来提醒驾驶员安全行驶，所以这种材料的性能要耐寒、耐高温、抗冰雪、抗烈日暴晒、抗压、抗冲撞、热稳定性好。我们的陶瓷原料

> 高速路陶瓷路标试样色标

就有这些特长，所以这个应该说对铜川的陶瓷工业是一个有前景性的发展项目。这跟我们的美术陶瓷、传统陶瓷相比就是另外一个概念，关键是我想给我们市里找到一条在陶瓷工业上面发展的路子，既能使现代技术含量高一点，又能够和我们当地的资源，我们的原料情况、技术情况、经济情况结合得很好。这个项目我们确实是投入了很大的精力，我想拿这个项目给我们铜川搞一个富民工程，太高的东西我们做不了，

这个又没人跟我们竞争，我们的原料做这个东西刚好适合。

刘：后来没有成吗？

孟：是啊，后来因为多种情况，资金问题吧，这个项目没有落实，也很可惜。

我们的第二个引智项目也是和一个日本人合作的，叫"耀州青瓷工艺化、日用化"项目，这个项目做得也不错，就是让他来指导一下我们耀州瓷怎么样面向国际社会，怎么样面向生活；第三个引智项目是"民间粗瓷对欧美市场的开发研究"，耀州瓷怎么样向欧美市场发展，这个项目做得比较一般；第四个引智项目是"铜川民间瓷加拿大展销"。引智项目我们就做了这四个，所以我们被评为省级"引智"先进单位。

再下来，我就做了"红底玉缕"的科研项目，在所有的项目当中，这个是做得最彻底的。我们对耀瓷研究了这么多年，不能没有一点想法，古窑也要发展，也要创新，我们也想怎么样把这个传统有所革新，有所突破，但是人家又是很完美的东西，怎么样革新呢？在技术难度和艺术难度上，这都是比较难的。

刘：这个就是对耀州青瓷的创新问题了，对很多传统的民间技艺而言，继承相对来说还简单一点，最难的就是发展和创新，搞不好就失去原来的味道了，特别是耀州青瓷在宋代已经达到那样的一个艺术高度和技术高度，想发展或者想创新真是很难。

孟：正是这样，实际上作为传统的艺术一直都有一个继承和发展的问题，学习都会学习，但是发展如何发展？我们现在的各个名窑都存在着一个要发展的问题，究竟怎么样发展？耀州瓷在金元消亡之后，在失传了八百年之后，我们现在又把它做出来了，到现在已经恢复成功30年了，还是要学习人家宋代优秀的东西，因为在青瓷的发展历史上，我们的耀州青瓷达到了青瓷的高峰，从造型、花纹和釉色上面都达到高峰，已经非常完美了。面对如此完美和高水平的东西，我们后人只能是认真地学习，耀州瓷达到这样的高峰，也是从隋唐到金元，几百年来好多代陶人集体智慧的结晶。咱现在做了几十年，很难把人家的高峰跃过去，只能是认真地去学习。但是，现在这个社会时代的发展，如果一味地走仿古复制的道路又让人觉得有点不太对头，艺术也好，文化也好，继承它、发扬它，实际上还是为了要发展它，发展就要创新，怎么样创新？这是一个难题。不创新吧，我们对不起这个时代；创新吧，弄得不好就会把这么好的东西给糟蹋了，所以方向一定要把握得很准。虽然耀州青瓷现在也有很多新花样，但是作为一种工艺品来讲，只是改头换面，基本内容没什么变化，比如还是单色调，还是刻花，基本的形式没有什么变化。耀州瓷在历史上的高峰是无人可攀的，那么怎么样给它做一个发展？要是搞不好面目全非，想搞好的话从哪个地方入手？所以，这个项目实际上可以说是我积累了十多年的研究，集合了我对耀瓷的全部理解和认识。我们正式立项是在2001年，完成的时候是2004年，2004年8月15号在铜川开的省级鉴定会，然后给我们颁了陕西省科学技术奖、铜川市科学技术奖，也获得了国家发明专利。

刘：红底玉缕就是指这个青釉杯子上的这朵红色的花头，还有毛泽东笔筒上面的红色毛主席像章吧？那么，这种工艺的创新点和技术难度体现在哪些方面呢？

孟：就拿这个杯子来说吧，传统的耀瓷都是青色的，正宗釉色是橄榄绿中闪一点黄，我们在这上面又增加了红颜色，这样就形成了色彩上的对比。我简单说一下它的技术难度，这上面的红色是高价铁，我们都知道，青色是低价铁，必须是在还原气氛下烧成，还原气氛就是要去掉高价铁，所以

> 孟老师讲解红底玉缕耀瓷的技术原理

在这同时要让它红起来是比较难的。而且我们用的是天然原料，这个红颜色的熔点比较低，但是要配合青颜色烧到1320℃的高温，它的熔点达不到，硬度达不到，那么就要在它里面添加调整硬度的原料，但是调整硬度的时候又必然会使它的颜色发生改变。这种红颜色的饱和程度，如果添加的料少了以后，颜色就发焦气泡；要是添加的料多了呢，它的色调就会变淡。所以，既要让它红，又要让它保持高价铁，还要让它保持这种饱和的色彩，而且青色一染到红色里面就是黑点，这简直是在自找麻烦，从技术层面上来探讨，这个难度确实很大。在艺术上面，我们还保持了两刀刻法，但是看起来图案明显不一样，不是宋代的，但是还能看出像宋代的东西，只是更加图案化了。为什么要搞这个花呢？铜川市的市花是玫瑰花，一枝独秀，图案有变化，但是刻花依然是刻花，整个的青色上面有枝红花，万绿丛中一点红。所以说，我们这个红底玉缕是从工艺技术和艺术风格上对耀州青瓷有了一个大的变化。

古窑要发展，要适应今天的生活，我倒觉得我们这个项目做得很不错，就凭我们研究所这样的条件和这些人，能做到这样，已经是很不错了！我们这里并没有很高级的研究人员和尖端的设备仪器，在很大程度上说只是有一些经验的积累，最后我们确实还是做了一些化验分析，比如釉料、泥料、红底泥料啊，也做过一些试验，达到了这个程度。这个红底玉缕，作为一个新生事物，肯定有不完善、不尽人意的地方，但最起码我们抛砖引玉，对耀州瓷的创新做了一个有益的探索，我们也没有说自己多么多么地成功。后来，我把技术报告整理成很正规的专业论文刊登在《佛山陶瓷》和《陶瓷》两本杂志上，还引起了一些讨论，最起码在业界、在专业上，大家能够认识到这是一种创新，而且这种创新是从工艺技术到艺术上的一种创新，应该说是比较完善的一种创新，外面确实有很多专家对我们这个项目有很高的评价。所以，这个艺术风格上的创新啊，拿我们以实用功能为主的陶瓷来讲，就比较麻烦，它不像是其他的艺术，它必须要有技

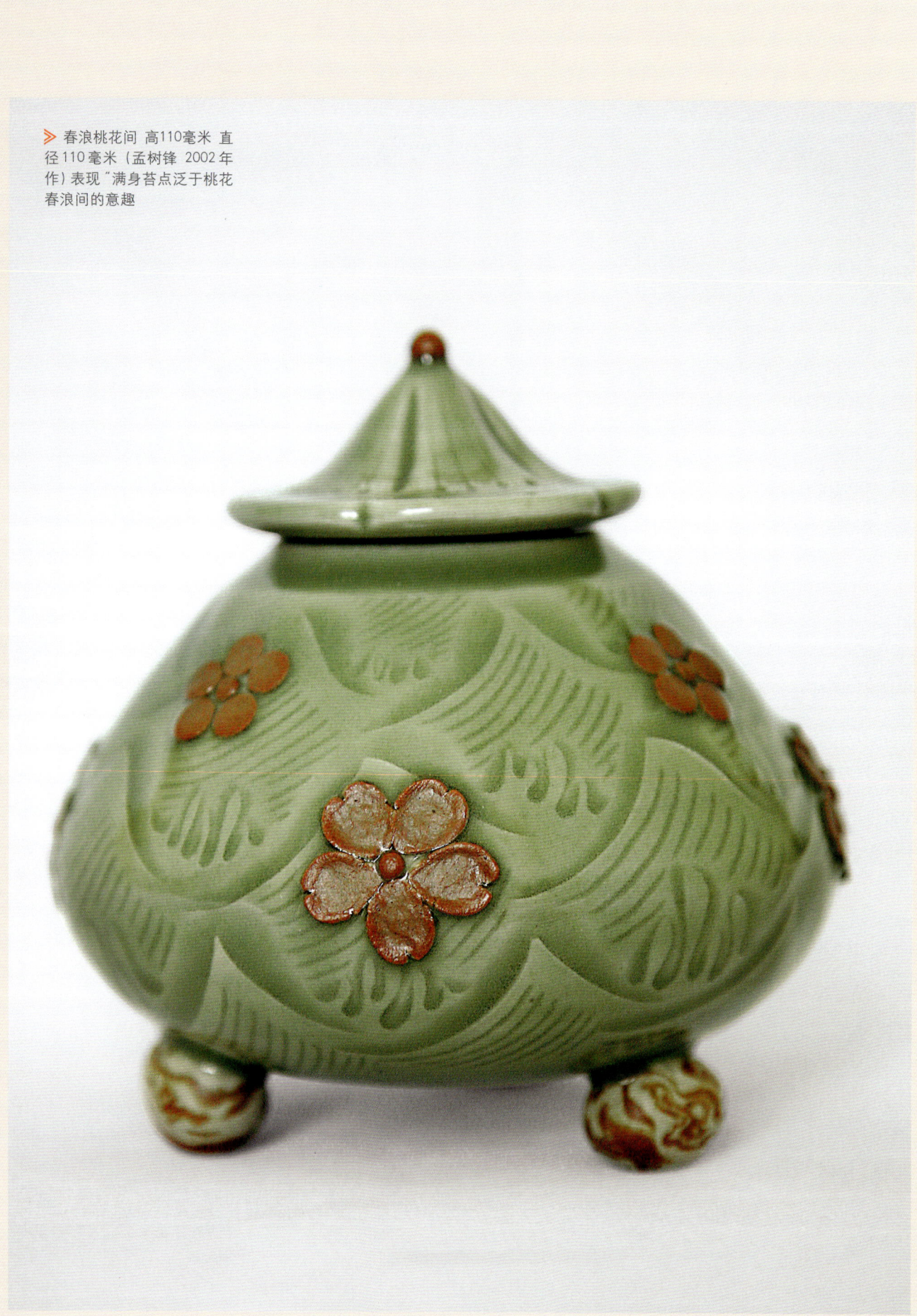

≫ 春浪桃花间 高110毫米 直径110毫米（孟树锋 2002年作）表现"满身苔点泛于桃花春浪间的意趣

▶ 红底玉缕玉壶春瓶 高 272毫米 直径142毫米 （孟树锋 2002年作）

› 红底玉缕耀瓷花头花插
高 155 毫米 直径 55 毫米
（孟树锋 2002 年作）

▷ 一线红尘表里同否 高206毫米 直径127毫米（孟树锋 2002年作）内壁刻有佛说经文，用外部的红底花头象征繁花似锦的现实社会，反衬出内部极其清淡的佛家世界

> 漫衍鱼龙 高255毫米 直径160毫米（孟树锋 2003年作）用色彩的改变象征由鱼变化成龙的过程

> 2006年耀州窑陶瓷烧制技艺入选第一批国家级非物质遗产代表作名录

> 采访老艺人

> 采访老艺人

术作为基础,工艺技术的条件达到了,想法才能够完成,如果工艺条件达不到,你的想法依然只是妄想。我的这篇技术报告是一篇专业性很强的论文,我们做科学研究,不光要有实用性,还要有学术性。

其实到了现在,我对外面的评价也不再像以前那么在乎了。首先我们要自己相信自己,这个路是怎么样走过来的,也是我们长时间对这个问题的思考,怎么样发展,怎么样改造,不能乱改,是经过深思熟虑的。

这些都是带有工艺技术性的科研项目研究,后来把我评为轻工部的科技先进工作者。

刘:2004年,耀州窑传统工艺被列入第二批中国民族民间文化保护工程试点项目,2006年耀州窑陶瓷烧制技艺又入选第一批国家级非物质文化遗产代表作名录。您作为这个项目的负责人,在这方面,主要是做了哪些工作呢?

孟:关于非物质文化遗产和国家试点项目,完全是方李莉老师、吕品田老师还有王海霞老师帮我们搞起来的,等于说我们就转到非物质文化遗产保护上面来了,我现在越做自己也越喜欢这个事情。我们有一个试点工作方案,规定我们这个项目大体上就是两大任务:第一是把我们耀州瓷的工艺技术,从第一道工序到最后一道工序,整个的工艺流程全部详细地用文字、图片、录音、影像的形式记录下来,记录下来之后我们再做研究整理,出版将近20本著作,比如耀州窑的原料、成型、烧成、图案,马蹄窑窑炉的设计,泥池、耙池的设计等等方面。另外,我们现在自己也在做老艺人个案调查,已经做了十个了,图片大概已经有一万多幅,实际上每一个个案的图片和文字加起来都可以成为一个单行的册子。

我举几个例子：

个案一：袁敏利，是我二哥的老丈人，这老爷子在窑里面做活真是一把好手，不善言语，对他的访谈是最费劲的。我们从他第一道工序开始到最后都拍了照片，你看照片上都编着号。你看这第一道工序是先要绑腿，这个绑腿很有意思，是最早的劳动保护，艺人自己关心自己，自己爱护自己，又是劳动安全。我准备做一套连环画的形式，找了一位西安美院的硕士生导师来画，结果他画了

老艺人袁敏利在拉坯

一位拉坯艺人穿的是灯笼裤，像练功的，我说这一下就完蛋了，灯笼裤它兜风啊，轮子转起来有风啊，你就得关节炎吧，而且你这灯笼裤一甩容易转到轮子里去，劳动起来就不安全。你看照片上他穿的这身服装都是我们着意选的，穿那种大襟的，腰里系一根带子，是我们这边典型的装束，现在都不这么穿了。旁边这人是个盲人，是我们的一个邻居，做大器必须是两个人配合，一人搅轮子，一人拉坯，拉坯的师傅说快点，转轮的就转快一点，拉坯师傅说慢一点，他就转慢一点，一般都能配合好。别看他的眼睛看不见，但是他的感觉很灵敏，只要拉坯师傅说今天做的是什么东西，是大的还是小的，他就明白了。还有一个人是他的大儿子，已经40年没做活了，以前小的时候跟着他父亲做，后来在外地干建筑，我们是特意把他找来做的。这

第一道工序先要绑腿

种轮车就跟古代用的基本一样，北方是石轮，南方是木轮。现在做一套完整的资料很困难，道具都很难找了，你像开采原料时用的骡子、驮笼和架子，都几乎找不到了。

个案二：任金炉，就是我说的我家那位长工，是在我们家学的手艺。就是他老说我祖父拉坯手艺高，手大，一把泥能拔老高。

个案三：郑彦文，他是做碗的，是一个外乡人，他的父亲最早在陈炉这个地方做陶瓷经营，然后就把家安在陈炉了，他后来也在陈炉娶妻生子，成了陈炉人。这是在我们研究所的试验工厂拍的照片，练泥、

揉泥，每一个动作都连续下来了。

刘：外乡人因为从事陶瓷这个行当在陈炉安家落户了，这也是一个很有代表性的个例。

孟：我们一共做了十位艺人的个案，其中有两位老艺人已经不在了。这些老艺人啊，说实在的，他们没有文化，但是他们这些做陶瓷的人，做出来的陶瓷让这个时代很感兴趣，你在这里面讲你的造型，讲你的线条，讲你的美感，讲你的杰作，讲你的韵律……他们是不会讲这些的，但是他们会做。所以，我们专业人员就有责任把他们的技艺记录下来，这就是我们的第一大任务，就是先要进行搜集、整理、研究，形成文字的甚至影像的资料。

第二大任务就是我们想在铜川的新区建立一个带有观赏性、旅游性的，可供大家观看、参与、休闲、研究的，一个立体的、流动的、活态的、动态的，恢复宋代工艺流程的这么一个景观。我们想把传统的师傅教、徒弟学的这种口传身授的传统工艺流传形式，和后来的我们老师教学、学生上课的这种学校教学方式结合起来。那我们的教材是什么呢？就是我们研究整理出来的几十本著作，要严格地按照我们这个教材来学习正规的耀州瓷的传统技术。现代人开放又活泼，我们也不能太死板，那就是，耀州瓷你必须按照这个正规的技术来学，学完了以后大家可以发挥自己的独立创造，这就能成为我们另外一种产品。因为互动的时候有师傅演示，大家都可以来看、来做，必然会出来东西，出来的东西就分两部分，一种是严格的正宗的耀州青瓷和铜川民间瓷作坊出来的东西，看谁做得比较像；另一种就是五花八门的陶艺作品，张扬个性的东西。我还想把场馆建得跟陈炉的感觉一样，有高有低，有匣钵垒墙的景观，有马蹄窑，复原宋代的样子，可以在窑背上烙饼、烤红薯，把陶瓷和饮食结合起来成为一个整体。我们还要有一个现代化的工厂，专家也可以来做研究，采用这么一种形式，学生们还可以在里面上课，学习各种陶瓷技术和专业美术知识，把我们的学生培养成为新型的艺术人才，而

▶ 搅轮子的是个盲人

不是只会一点老东西的传统艺人，那就需要办一个相当于大专一类的教育机构，总要给人家一个文凭，我最终就是想做到这样一个程度上。因为对传统工艺的保护，最好形式就是要让它继续流传，要流传就要有一个传习场所，既要有工具又要有材料，供它来传习。我算是耀瓷传人，但是对人家评价耀瓷是"北方青瓷的代表"，就这么一句话，要深刻理解它里面的含义，那也是现在才理解了，而且也不是说全部理解。随着非物质文化遗产这个项目工作的深入，我们经过自己的调查研究，才更深刻理解这样的评价是非常准确的，尽管遇到了很多困难，我都无所谓了，我想把这个项目当作我自己这一生的一个封山之作，把它做完就算了，我就尽自己的最大努力，希望能把这个事情完成，哪怕完成一半也行。在这个项目上，虽然我们付出了很多辛酸和劳动，但是也找到了很多乐趣，虽然也发发牢骚，但是我们喜欢做陶瓷，作为一个专业人员来讲，就是做项目，我们现在能做一个国家项目也是很幸运的事，我们也满足了，所以拿这个项目当作我的封山之作我觉得挺好。现在我还喜欢做做木刻，还想做酒文化，把我们传统的酿酒和现代的化学酿造发酵工艺结合起来，像解释我们的陶瓷一样，用现代的科技观念和技术手段，把传统的经验形成解释清楚，然后做出来，现在还在做准备。

本章总结

　　这是最后一部分的叙述。从一个穷娃子走出陈炉上大学到重返家乡十几年的工厂生活再到现在的陶瓷研究所，孟老师的人生经历了很多的起伏，但似乎又都是不可或缺的，如果少了其中哪一步的砺练，或许也成就不了今天的这位全国工艺美术大师。

　　面对一个古老瓷种的发展问题，孟老师意识到一味地仿古复制不是办法，必须要有创新，古窑才能获得新生。他知难而上，带领研究所的几位技术工人通过四年的时间试制成功了红底玉缕耀瓷，从技术到艺术都进行了较大的尝试，为古老耀瓷的创新提供了一条可供参考的道路。

　　解决了创新问题，孟老师又一头扎进非物质文化遗产保护的工作中去，并庆幸自己能担任这样一个国家项目的负责人。如何才能够留住手艺？对于任何一门传统手工艺而言，对技艺的保护首先应该是对人的保护，当那些身怀绝技的老艺人逐渐辞世时，带走的还有他们心中和手上那些宝贵的工艺技术，当若干年后我们再回过头想起时，则悔之晚矣。恐怕这便是孟老师作个案调查的原因，也是我们编写这套丛书的原因。

世代陶人　附：孟树锋其他作品

附：孟树锋其他作品

▶ 月白釉玉壶春瓶　高290毫米　直径127毫米（孟树锋 1987年作）试验元代月白釉

▶ 黑釉剔花卷草纹直胆瓶　高290毫米　直径151毫米（孟树锋 1986年作）

▶ 黑釉凸线纹万盏尊　高115毫米　直径214毫米（孟树锋 1989年作）

▶ 耀瓷刻花牡丹纹押花口扁钵　高67毫米　直径149毫米（孟树锋 1988年作）

▷ 刻花梅瓶 高340毫米 直径203毫米（孟树锋 1991年作）黑釉瓷的粗泥上青釉用氧化气氛烧成

▷ 耀瓷刻花牡丹纹斗笠碗 高61毫米 直径160毫米（孟树锋 1997年作）

▷ 耀瓷刻花交枝牡丹纹大碗 高72毫米 直径247毫米（孟树锋 1997年作）

▷ 铁锈花儿歌纹双耳罐 高265毫米 直径170毫米（孟树锋 1997年作）

耀瓷镂空寿纹尊 高286毫米 直径150毫米（孟树锋 1996年作）

▷ 茶叶末釉九九归一钟 高345毫米 直径167毫米（孟树锋 1999年作）

▷ 为大唐芙蓉园设计的酒具 酒壶：高160毫米 直径105毫米 酒碗：高30毫米 直径125毫米 杯：高75毫米 直径65毫米 碟：高15毫米 直径153毫米（孟树锋 2005年作）

▷ 茶叶末釉剔花牡丹忍冬纹罐 高320毫米 直径340毫米（孟树锋 2005年作）

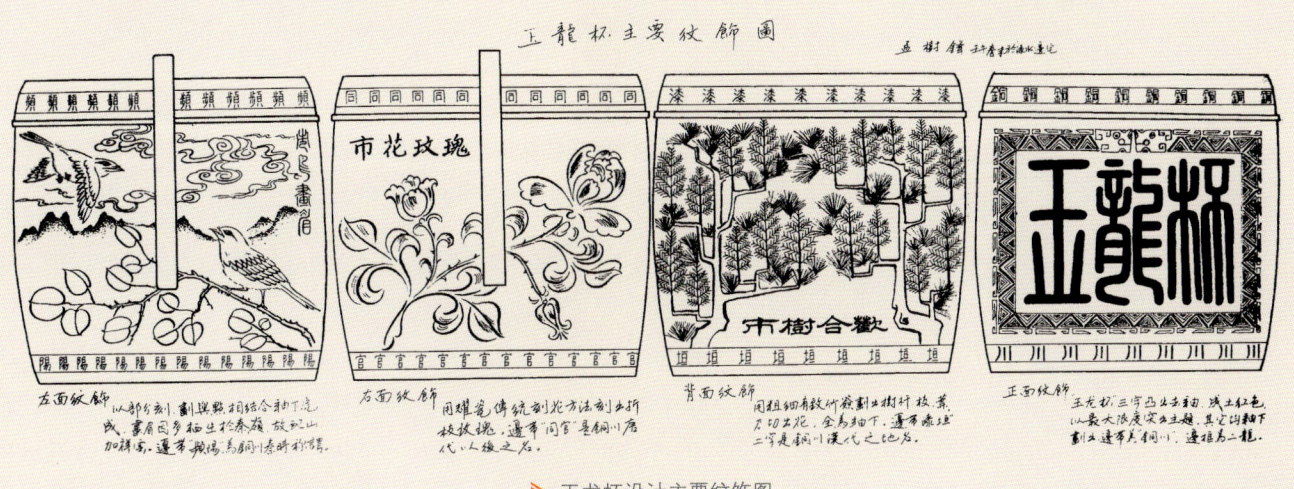

▷ 玉龙杯设计主要纹饰图

> 玉龙杯 高390毫米 直径260毫米（孟树锋 2002年作）

▶ 酒具 高156毫米 直径88毫米（孟树锋 2006年作）.

▶ 金贵至尊茶叶末釉剔花瓶 高326毫米 直径203毫米（孟树锋 2006年作）

▶ 茶叶末釉剪纸剔花瓶 高328毫米 直径153毫米（孟树锋 2007年作）

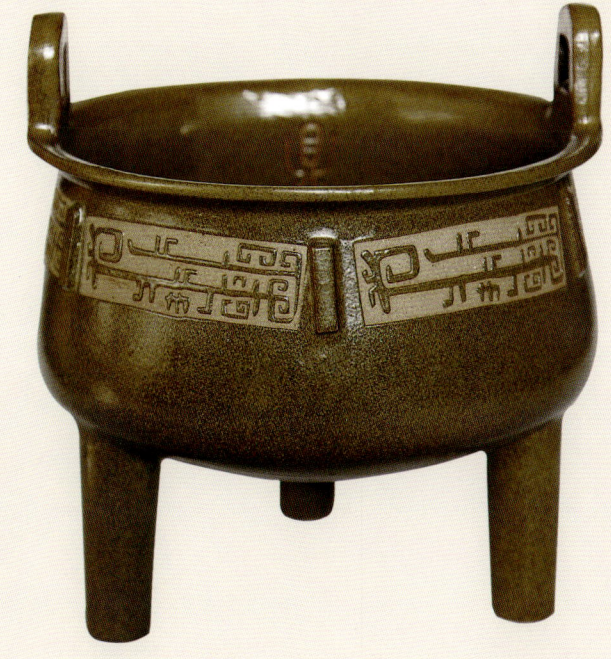

▶ 中华鼎 高180毫米 直径177毫米（孟树锋 2007年作）

附：名家题词

> 1989年李国桢先生重返陈炉为其题词

> 1990年6月5日力群先生到陈炉陶瓷厂参观为其题词

> 1990年6月5日古元先生到陈炉陶瓷厂参观为其题词

> 2001年8月史树青先生为孟树锋耀州青瓷作品展题词

附：孟树锋大事年表

1955年1月出生于陕西省陈炉镇陶瓷世家

1962年–1972年就读于陈炉中学，高一时因家境贫寒被迫辍学

1973年11月参加社会招工进入陈炉陶瓷厂当工人

1976年初被工厂派去上店村驻队

1976年10月适逢陶瓷厂推荐工农兵上大学，成为最后一批工农兵大学生

1979年毕业于景德镇陶瓷学院美术系陶瓷设计专业

1980年初回到陈炉陶瓷厂技术科

1985年–1988年任陈炉陶瓷厂副厂长

1988年–1992年任陈炉陶瓷厂厂长，1992年10月辞职离开家乡陈炉

1992年11月–1996年10月任铜川市陶瓷工业公司副经理兼总工艺师

1997年至今任铜川市陶瓷研究所所长

获奖情况：

1986年作品"陈炉民间风格瓷组"在轻工业部主办的全国陶瓷创作设计评比会上获三等奖

1987年作品"倒装壶"、"刻花鼓灯瓶"、"百鱼瓶"等入选全国工艺美术展览会

1988年获中国工艺美术品百花奖优秀设计一等奖

1989年入选铜川市"青年十杰"

1990年被轻工部评为全国轻工业先进科技工作者

1990年作品"耀州仿古瓷兰花伞筒"在中国旅游购物节旅游产品评比中获天马银奖

1990年被评为铜川市优秀城镇集体企业厂长

1991年被评为铜川市优秀知识分子

1991年被评为陕西省轻工业"七五"期间科技工作先进个人

1991年主持的"耀州青瓷出口旅游系列产品开发项目"获陕西省轻工业科技进步二等奖

1992年被评为铜川市有突出贡献的拔尖人才

1996年被联合国教科文组织授予"一级民间工艺美术家"称号

1996年被轻工总会授予"优秀工艺美术专业技术人员"称号

1997-2001年度被评为陕西省有突出贡献中青年专家

2001年作品"耀瓷开片九九归一钟"被淄博市陶瓷博物馆收藏

2002年作品"茶叶末釉九九归一钟"、"仿宋耀州窑刻花牡丹纹罐"被中国国家博物馆收藏

2003年被评为陕西省有突出贡献专家

2004年被中国陶瓷工艺协会、古陶瓷学会授予中国陶瓷名窑恢复与发展贡献奖

2004-2006年度被评为铜川市有突出贡献的拔尖人才

2005年主持的"红底玉缕耀瓷研究开发项目"获铜川市科学技术奖

2005年被评为陕西省一级工艺美术大师

2006年被评为第五届中国工艺美术大师

2007年被授予"文化部非物质文化遗产保护工作先进个人"称号、"首批国家级非物质文化遗产具有代表性、权威性、影响力的传承人"称号。

后 记

    耀州窑的传统工艺主要体现在原料的采配、成分及加工，泥料的储备及练揉，手工拉坯及修坯，手工雕花、刻花、划花、贴花、印花，釉药的选配、制备及敷施，匣钵、窑具的制作及装窑，火焰气氛及烧成等七个方面。一件制品要经过采料、精选、风化、配比、耙泥、陈腐、熟泥、揉泥、手拉坯、修坯、釉料精选、配制、施釉、手工装饰（雕、刻、贴、印）、窑具制作、装窑、烧窑等17道工序，经过无数双陶工的手才能完成，其中任何一个环节出错，若是烧窑这一关没把握好，就有可能功亏一篑，这便是陶瓷艺术的独特之处。孟老师说："我们做陶瓷的实际上是很苦的，辛辛苦苦努力了半天，就看最后一把火，如果没烧好那就白费了，就没收成了。"但或许正是这种不确定性，才使得这门艺术具有了无可替代的艺术魅力，正因如此，自瓷器诞生的近2000年来，无数代陶工们前赴后继，才锻造出了历史上那么多美轮美奂的瓷器珍品，成为中华民族引以为傲的艺术瑰宝。

    今天，我们能看到更新更先进的制瓷技术得以应用，更时尚更现代的陶瓷作品新鲜出炉。我们无法忘记，正是因为有了诸如耀州窑这样的民间窑场里默默无闻的陶工们，他们通过口传身授将这门古老的技艺一代一代沿袭传承下来，并在实践中日臻发展完善，才有了今天这样一个异彩纷呈的局面。但是，我们不容乐观，我们更应该知道：中国在世界陶瓷界的地位和影响远不及曾经的辉煌，让世人津津乐道的仍然是宋代的五大名窑和六大窑系出产的古陶瓷。这不能不引起我们深思，也许中国的陶瓷艺术正在经历一场变革，一次跨越，中国陶瓷能否再获得像宋、元、明、清那样举世瞩目的成就和地位，我们不得而知，但我们期待看到那一天。

    而在当前我们最应该做的，是记录、传承、挽救像耀州窑这些濒临失传的传统制瓷技艺。其濒危的原因跟其他民间艺术门类一样，是多方面的。在现代化工业产品的冲击下，陈炉的陶瓷业一度萧条，年轻人纷纷走出大山外出打工，使得古老的传统技艺后继乏人，失传在即。但这一切却似乎不可抗拒，因为社会要向前发展，机械不断吞噬着手工。而太多沉痛的经验告知我们，不能再弄丢了它们，否则我们又如何去谈超越？如何去超越历史、超越经典？这是个两难的问题，如何抉择，什么才是最好的方式，一直都是争论的焦点。我在想，孟老师这个建立耀州窑活态景观，集旅游、教学、传承于一体的构想或许倒是一个合理的方案和出路。

世代陶人 后记

　　从接受这项写作任务至今,断断续续经过了一年的时间才总算完成了这部口述史的书稿。说实话,对于我这样一个初出茅庐没有更多写作经验的硕士生来说,完成这样一本书困难是可想而知的,期间几次绞尽脑汁,辍笔不前,当然这些都缘于我知识面的狭窄和对信息捕捉能力、归纳能力的不足。而今天,这本书能够完稿,我首先要感谢我的采访对象孟树锋老师。是他对我这个学资浅薄的小师妹爱护有加,将他的所学所知毫无保留地一并口述于我;是他不辞辛劳带我三上陈炉进行实地考察,使我掌握了大量的第一手资料;是他谆谆教导、循循善诱让我拨开迷雾,增强了写作下去的信心;是他在接受访谈之余,对我的毕业论文提供了大量宝贵的参考意见,论文题目最终得以确立;是他以极大的耐心和善心认真回答我很多无知的问题,包容我连续几天从早上8点到夜里10点的"打扰";是他每次对独自到秦的我照顾有加,令我丝毫不觉得有身在异乡的孤独感……与其说我在作对孟老师的口述采访,不如说是孟老师对我的免费专业授课。这些感激自是藏在心里的,无需多言。

　　另外,要感谢我的导师、本套丛书的副主编王海霞研究员,没有她的信任和鼓励我是绝不可能完成此书的;还要感谢孟老师的爱人崔老师、铜川陶瓷研究所的梁义亭和陈炉镇上很多记不住姓名的人家,他们都曾经给过我帮助,不敢忘怀。在此,对他们唯一可作的报答就是,希此书能真正为耀州窑的传承保护尽一份绵薄之力,若此,便不负他们的恩惠和导师的信任以及自己数月来的努力写作了!

刘　莹

丙亥年仲夏于京